JN439312

선동 명언에세이

내 마음속 99개 별

선동 지음

수필과비평사

서문

그대의 가슴에 별 하나 새겨지길……

동서고금에서 치열하게 살았던 사람들의 책과 입을 통해 나온 훌륭한 말이 명언이란 이름으로 세간에 널리 떠돈다. 명언은 밤하늘에 빛나는 별처럼 우리 가슴에 꿈과 사랑과 행복과 여유로움을 준다. 어쩌면 명언은 별의 분신인지도 모른다.

여름밤 마당 평상에 앉아 모깃불을 지펴놓고 하늘에 박힌 별을 바라보면서 저 별을 따다 가슴에 달고 살면 참 행복하겠다고 생각하던 어린 시절이 있었다.

그래서 나는 별을 닮은 명언이 좋았다. 까만 밤이 되어서야 비로소 반짝거리는 별처럼 역경에 처할 때 홀연 나타나 절망하지 않도록 어깨를 토닥이며 격려하고 용기를 심어주니 말이다.

꼭 유명한 사람이 말한 것이 아니어도 좋았다. 이름 모를 촌로의 말에서, 어린아이의 말에서, 또는 TV에서, 라디오에서 감동이 있고 깨우침을 주는 말이라면 행여 놓칠세라 메모를 하곤 하였다. 그것이 오늘 이 책의 모티브가 되었다. 그 소중한 인연에 감사를 표하고 싶다.

나는 스스로 작은 수행자라 말하곤 한다. 이 세상은 수행을 위한 큰 도량이 아닐까 싶다. 나는 이 글을 쓰면서 순수 채식으로 일종식(一終食), 즉 하루에 한 끼만 먹었다. 딴엔 느슨한 마음을 곧추세우고 싶었다. 글을 먼저 썼던 선인들이 글을 뼈를 깎는 고통으로 쓴다고 하는데 그만큼은 못하여도 조금이나마 편안함을 멀리하면 더 질박한 글이 나오지 않을까 하는 소망에서였다.

나는 이 책을 쓰면서 때론 설득하고, 때론 권유하면서도 단정적으로 말하는 방식을 선택하였다. 그것은 내가 높은 지혜를 얻었다거나, 사회적으로 성공하였다거나 해서가 아니다. '주제넘은 소리' 라며 탓한다면 겸손히 받아들이겠다. 어쩌면 나는 세상을 향해 썼다기보다 게으르고 태만한 나 자신에게 꾸중하듯 쓴 점이 많다. 혹여 이런 문체가 거슬린다면 죄송할 따름이다.

이 명언 에세이집에는 99개의 명언을 실었다. 세상의 명언이 어디 이것밖에 없을까마는 99라는 숫자를 선택한 것은 하늘처럼 영원성을 상징하고, 별처럼 무궁무진하다는 의미를 부여하고 싶었다.

이 책에 실린 명언들은 어릴 때부터 좋아하고 나를 변화시키고 나의 꿈이 되었던 나로선 그야말로 주옥같은 명언들이다.

나는 독자가 명언 99개를 다 취하기보다는 단 한 줄의 글에서라도 감동하여 그의 삶이 변화되고 평생의 등불이 되길 진심으로 꿈꾼다.

"내가 바라는 것이 있다면 내가 있으므로 해서 이 세상이 더 좋아졌다는 말을 듣는 것이다."라고 링컨이 말했듯이, 나의 글들로 해서 세상이 조금이나마 좋아졌으면 하는 바람이다.

'글 공해, 책 공해'라 할 만큼 너도나도 출판하는 이 시대에 혹여 다른 사람의 귀한 시간을 뺏는 짓은 아닌지 적이 걱정된다.

이 책이 나오기까지 세상의 모든 인연 공덕에 감사한다.

그리고 이 책을 접하는 또 다른 세상의 인연들에게도 감사한다.

선동거사 손모음

차례

1 그.리.움

2
마.음

3 꿈

4
지.혜

5

삶

6

행.복

7

나.눔

1 그·리·움

어둠으로는 어둠을 쫓아낼 수 없습니다.
오직 빛만이 그것을 할 수 있습니다.
미움으로는 미움을 쫓아낼 수 없습니다.
오직 사랑만이 그것을 할 수 있습니다.
- 마틴 루터 킹 목사

별1

> 상견역무사 相見亦無事　서로 만나 보면 별 할 말 없는데
> 불래홀억군 不來忽憶君　오지 않으면 문득 그대 생각이 난다.

– 조선시대 유학자 송구봉이 벗 율곡 이이에게 보낸 편지 중에서

옛 선인들의 표현에 감탄하게 되는 글귀이다. 이 글 속에는 그리움과 따스함이 소복소복 서려 있다. 서로 그리워하는 이는 딱히 만날 이유가 없는데도 문득문득 보고 싶어진다. 할 말이 없어도, 할 일이 없어도…….

꼭 연인관계가 아니어도 홀연 그리워지는 사람이 있다. 송구봉 선생처럼 벗일 수도 있고, 존경하는 스승일 수도 있다.

사람과의 관계는 그리움이 받쳐주어야 진정한 관계가 아닐까 싶다. 그리움은 무지개처럼 다채색이다. 하늘에 별과 달이 있는 날 괜스레 떠오르는 얼굴이 있고, 텃밭에 고구마가 익으면 함께 나누고 싶은 이도 있다. 맑은 차가 생기면 밤새껏 담소하고 싶은 이, 깊은 밤 두견이 소리가 들리면 묵혔던 술을 꺼내 권커니 잣거니 하고 싶은 이도 있다.

이런 사람을 그대는 가졌는가. 단언컨대, 그리운 사람이 많을수록 그 삶이 풍요로워지리라. 어떤 그리움은 은은하고 따스하며, 어떤 그리움은 상큼하며, 어떤 그리움은 설렘을 준다. 누구에게나 그리움을 줄 수 있다면 어떤 빛깔이든 좋다. 그대는 어떤 빛깔을 품었는가.

그리움

그리움은 먼발치에서 하늘거리는 손길
그리움은 입가에 살포시 얹어진 옅은 미소
그리움은 별과 달 그리고 바람의 속삭임
그리움은 그대의 향기
그리움은 …….

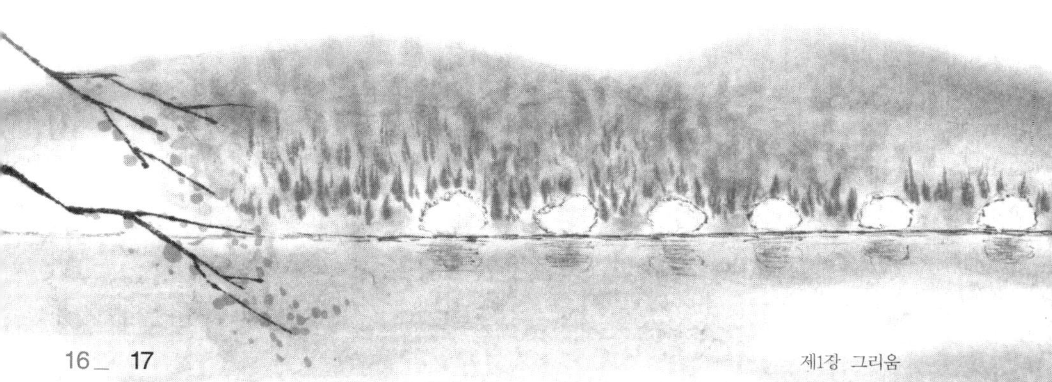

별 2

> 부부는 마주하면 한 몸이지만,
> 돌아누우면 그 거리가 지구 한 바퀴이다.

– 어느 라디오 방송에서

아내가 이 글을 보더니 이것도 명언이냐고 나무란다. 하지만 나는 이 말이 부부관계를 절묘하게 파헤쳐준 말이라고 생각한다. 부부는 촌수가 없다. 무촌無寸이다. 이는 두 가지 의미가 함축되어 있다. 타인이거나 나와 한 몸이거나.

사람과의 관계에서 가장 극명한 사이가 곧 부부가 아닌가 싶다. 살아보니 정말 부부는 마주 보면 한 몸과 같은 존재이지만, 등을 지고 돌아누우면 지구 한 바퀴 거리라는 게 실감난다.

단란한 가정을 이루고 살 때엔 가장 가까운 사이이다. 그러나 헤어지고 나면 남보다 못한 처지가 돼 버리고 마는 게 부부이다.

연애 시절에 그렇게 죽고 못 살던 사람도 막상 결혼하고 나면 그 감정

을 오래 지속시키지 못한다.

"결혼 3년이 지나서 아직도 가슴이 두근거린다면 심장병이 있는 것이다."라는 우스갯소리가 있다. 서로에 대한 신비감이 없어져 버려서일까. 처음 설레던 마음이 시간이 지나면서 언제 그랬냐는 듯 퇴색되어 버리는 것이 인간의 속성인지도 모른다.

오래전에 들었던 말이 있다.

"사람의 첫 만남은 동질감에 끌려 만나고, 그 만남을 유지하는 것은 새로움이다."

이 말에 전적으로 동의한다. 사람은 처음 만났을 때 자신과 같은 취향, 성격, 사고 등에 끌린다고 한다. 타인에게서 '나와 닮음'을 발견하고선

강한 연대의식을 느끼는 것이다.

그러나 시간이 흐른 뒤에도, 매양 같다면 금세 물리고 만다. 개그 프로그램에서 같은 레퍼토리를 계속 구사하면 처음에 재미있던 우스운 말도 진력나는 것과 같다. 질리는 것으로 그치지 않고 그전에 장점에 가려졌던 단점이 보이기 시작한다.

때문에 만남을 지속시키기 위해선 '새로움' 이란 도구가 필요하다. 새롭게 변화된 모습에 상대는 신선한 감정을 느끼는 것이다.

부부 생활도 마찬가지이다. 신혼 때는 달콤함에 취해 더없이 사랑스럽다. 그러나 그것도 잠시다. 새로움이 필요할 때가 반드시 도래하게 되어 있다. 아이를 갖는 것도 한 방편일 수 있다. 이보다 더 큰 새로움이 있을까. 그러나 새로움에는 항상 수명이 있다. 그래서 또 다른 새로움을 생각해야 하고, 또…….

원만한 가정을 위해서라도 늘 거듭나야 한다. 결혼은 사랑의 종착역이 아니라 사랑의 시발역이어야 한다. 가정을 꾸렸다 해서 상대에 대한 관심과 애정을 놓아서야 어찌 행복한 가정이 될까. 거듭남을 위한 노력이 더 많아질 때 그 가정을 견고히 지켜나갈 수 있으리라 믿어 의심치 않는다.

그러니 새로움을 위한 노력을 어떻게 해야 하나. 삶의 화두가 아닐 수 없다.

별 3

> 여자는 자기를 사랑하는 사람을 위해 죽고,
> 남자는 자기를 인정해주는 사람을 위해 죽는다.

– 중국 고사

여자는 자기를 사랑하는 사람을 위해 목숨을 건다. 하지만 남자는 자기를 인정해주는 사람을 위해 목숨을 건다. 남녀의 차이를 예리하게 파헤친 명언이다.

여자에게 있어 사랑은 가히 절대적이고 맹목적이다. 이성 간의 뜨거운 사랑, 모성의 헌신적 사랑은 여자의 모든 것이라 해도 지나치지 않는다.

경극 「패왕별희」는 천 년의 시공을 넘어 지금도 살아 있다. 우 미인이 사면초가에 갇힌 초패왕 항우를 살리고자 항우의 보검으로 스스로 목숨을 끊는 대목은 여자의 심성을 오롯이 보여준다. 오로지 사랑 하나만을 위해 모든 것을 걸 수 있는 게 여성이다.

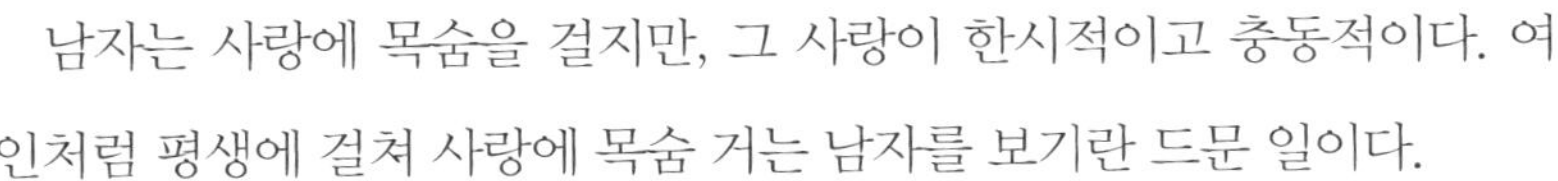

남자는 사랑에 목숨을 걸지만, 그 사랑이 한시적이고 충동적이다. 여인처럼 평생에 걸쳐 사랑에 목숨 거는 남자를 보기란 드문 일이다.

남자는 자신을 인정해주는 사람을 위해 모든 것을 건다. 제갈공명은 유비가 자신을 알아주었기에, 한신은 유방이 자신을 인정해주었기에 목숨을 걸고 충성한다.

여자는 이성보다는 감성적이어서 인정이니, 이해니 그런 사회적 갈채에 둔감하다. 사회적 인정보다는 사랑받는 한 여자이기를 더 원한다.

어느 대학 교수가 시험 답안을 형편없이 적은 여학생을 향해, "얼굴은 예쁘게 생겨가지고 공부는 왜 그렇게 형편없느냐?"라고 하였단다. 남자가 만약 그런 말을 들었다면 치욕이라고 생각할 법한 말이다. 그러나 그 여대생은 그다지 불쾌해 하지 않았다고 한다. 사랑받기 위해 미모는 무시할 수 없는 부분인 까닭이리라.

여자의 사랑은 어떤 상대와도 수평적 관계이다. 그 사랑은 신분을 뛰어넘고 나이를, 국경을 초월한다. 맹목적이며 헌신적이다. 사랑에 빠지면 어떤 걸림이 없이 모든 것을 거는 게 여자이다.

반면에 '남자의 인정' 은 수직적 관계에서 가능한 말이다. 자신보다 권위 있다고 생각되는 사람이 인정해주었을 때 더 큰 충성심이 생긴다. 자신과 지위가 같거나 낮은 사람의 인정은 칭찬은 될지언정 목숨까지 내걸지는 의문이다. 여자의 사랑과 달리 남자의 인정엔 상하의 관계가 중요한 요소라는 생각이다.

남자와 여자의 이 차이는 남녀를 뜨겁게 달구기도 하고, 원수처럼 갈등하게도 한다.

별 4

> 마음속에 푸른 가지를 품고 있으면 지저귀는 새가 날아든다.
>
> – 중국 속담

마음은 지남철 같다. 청정한 마음은 정갈한 인연을 부르고, 탁한 마음은 오염된 인연을 부른다.

마음은 어쩌면 파장이 아닌가 싶다. 자신을 둘러싼 파동의 울림. 이것이 마음이다. 유유상종이라 했다. 맑은 파장은 정갈함을 부른다. 그러니 어찌 아름다운 인연을 맺지 않을까.

마음속에 푸른 가지를 품고 있어보라. 정말 청아한 새들이 날아들 것이다. 마음속에 쓰레기를 안고 있어보라. 파리만 꼬일 것이다. 탁한 파장은 오탁한 이들과 공명한다. 그러니 어찌 안 보인다 해서 마음속을 함부로 다룰 것인가.

마음을 닦을 일이다. 우리 일상이 자신을 비추어보기보다는 타인을 들여다보는 데 익숙해져 있다. 똥 묻은 개가 겨 묻은 개 나무란다는 식이다. 남의 사생활에 이러쿵저러쿵 뒷말과 손가락질을 하면서도 정작 자신의 마음을 들여다보지 않는다. 되레 다른 사람이 나의 마음에 대해 뒷말을 해대기 일쑤다. 주객이 전도되었다.

하루에 한 번은 조용히 눈을 감고 홀로 명상의 시간을 가져야 한다. 명상은 자신과의 대화이며 마음자리를 세탁하는 시간이다. 또한, 명상은 자연과 우주의 사이클에 마음을 맞추는 튜닝의 시간이다. 자연과 공명하면 마음이 맑아진다. 자연의 본 자리는 본래 맑은 것이니까.

우리의 삶은 혼자 있기를 두려워한다. 늘 누군가와 함께하길 원한다. 어쩌다 혼자 있는 시간에도 텔레비전을 보고, 이어폰을 꽂고 음악을 듣는다. 라디오 하나만 틀어놓아도 촉수가 라디오에 머물러 있어 집중이 잘되지 않는다. 그러니 자기 자신을 들여다볼 여지가 있겠는가. 사람들은 혼자 있는 것에 대한 막연한 두려움이 있는 것 같다. 하지만 하루에 한 번쯤은 홀로 멈춤의 순간을 가져야 한다.

멈춤의 순간,

그 시간이 마음에 푸른 가지를 품게 할 것이다.

별 5

'때문에'가 아니라 '덕분에'

– 양애란

핑계 없는 무덤이 없다고, 이유 없는 결과는 없다. 남 탓을 하는 사람의 손가락이 누군가로 향해 있다. 나머지 네 개의 손가락은 자신을 겨냥하고 있는데도 부끄러움을 모른다.

'잘되면 내 탓, 못되면 조상 탓.' 이라는 말도 있거니와 잘못되면 덮어놓고 남 탓을 한다. 일의 결과가 안 좋으면 누군가 희생양을 잡아야 직성이 풀린다. 자기변호에 능수능란하다 보니 오랜 습習이 되어 '내 탓, 니 탓' 편 가르기를 무시로 하는 것이다.

나는 이런 사람을 자주 보아왔다. 이는 자기 무덤을 스스로 파는 짓이다. 자기에게 벌어지고 있는 현상은 따지고 보면 모든 게 자기 탓이다.

내가 좋아하는 말 중에 '내 탓이오, 내 탓이오, 내 큰 탓이로소이다.'

라는 천주교에서 쓰이는 말이 있다. 이 말이 얼마나 심오한 말인지 두고 두고 음미할 일이다.

세상만사는 자신이 뿌린 씨앗의 결과물이다. 뿌린 만큼 거둔다고 하지 않던가. 남 탓할 일이 아니다. 모든 일에 원인을 더듬어 가면 남에게 있지 않고 나에게 있다.

'활쏘기는 군자와 비슷한 점이 있다. 정곡을 맞추지 못하면 돌이켜서 그 원인을 자신에게서 찾는다.'

《중용》에서 갈파한 말이다. 그러니 어떤 문제에 봉착했을 때, 자신을 되돌아 참회하고 선행의 씨앗을 뿌리도록 노력해야 한다.

'때문에'는 남을 탓하는 말이다. 언제나 '덕분에'라고 말하기를 주저하지 말아야 한다. 설령 잘못된 결과가 닥치더라도 나의 과거 잘못을 일깨워 주니 이 또한 누군가의 '덕분' 아니겠는가.

우리말은 '아' 다르고 '어' 다르다. 말이란 이 미묘한 차이에도 정반대의 마음을 담고 있기도 한다. 말은 파장이다. 언제나 감사하는 마음, 고마운 마음을 갖는다면 얼마나 맑은 파장이 세상에 전파될까.

'덕분에 잘 지냅니다.'

'덕분에 행복합니다.'

'덕분에…….'

별 6

> 당신은 무엇을 할 수 있습니까?
> 나는 깊은 명상에 잠길 수 있고,
> 끈기 있게 기다릴 수 있고,
> 단식할 수 있습니다.
> 싯다르타가 대답하였다.

– 헤르만 헤세 《싯다르타》

소설 《싯다르타》에 나오는 말이다. 주식 격언에 대중과 반대로 생각하라는 말이 있다. 소위 말하는 성인聖人의 삶은 대중과 다른 길을 갔기에 위대하다. 명상하고, 언제까지나 기다릴 수 있고, 단식할 수 있는 대중은 그리 흔치 않다. 쌀이 나오나, 반찬이 생기나, 돈이 생기나. 이문이 없는 일은 대중의 관심사가 아니다.

우리는 근원적 물음을 해야 한다. 인간이 동물과 다른 점이 무얼까. 관능과 욕망에 의한 삶이라면 동물과 무에 다를쏜가. 인간이 인간다운 것은 본능에서 벗어난 사고와 절제된 영혼이 있기에 아름다운 것은 아닌지.

밥이 나오지 않고, 돈이 생기지 않는 일에 몰입함이 곧 고차원적인 인간으로 가는 길이다. 하루에 한 번쯤은 눈을 감고 내면을 들여다보는 시간이 필요하다. 멈춤에서 활활 타오르는 격정의 나를 발견한다. 명상은 나를 잔잔한 호수로 만든다. 넘실대던 욕망의 불이 호수에 잠기게 될 것이다.

점점 기다림이 없어지는 세상이다. 디지털 세상엔 고효율이 미덕이고 최고의 가치이다. 한 치의 빈틈도 용납하지 않겠다는 게 디지털 세계가 꿈꾸는 세계다. 인간이 시간을 만들고도 시간에 지배당하고 있다.

나는 이십대에 밤새도록 한 여인을 기다린 적이 있었다. 그녀가 꼭 나올 것 같아서라기보다는 사랑 앞에 왠지 그래야 할 것만 같았다. 기다림도 사랑의 부분처럼 생각되어서였다.

요즈음엔 순애보가 사라지는 세상이다. 누구나 버튼 하나로 위치를 확인할 수 있으니 '기다림'은 잊힌 낱말이 되어가고 있다.

석가는 '가장 위대한 기도는 인내'라고 하였다. 요즈음 세상은 인내를 잃어 가고 있다. 조급증에 걸린 환자처럼, 브레이크가 파열된 자동차처럼 질주만 하고 있다. 사람들은 동력장치만 있지 제동장치는 없는 듯 보인다.

그러나 멈춤이 있기에 달릴 수 있다. 멈추어야 한다. 그리고 잠시 나를 내려놓아야 한다. 멈춤이 나를 살리는 약이다.

단식은 비움으로 비로소 채워지는 기쁨이다. 단식은 일상의 더께를 던지고 알몸뚱이 나와 만남이자 자연과 우주와의 교감이다. 한 톨의 쌀과 한 방울의 물이 얼마나 소중하고, 또 얼마나 감사한지 알게 될 것이다. 자연과 나는 결코 둘이 아님을 알게 한다.

나는 때때로 단식을 통해 소유함의 고苦와 덜어냄의 희喜를 동시에 체득하곤 한다.

별 7

> **바보는 방황하고 현명한 사람은 여행을 떠난다.**
>
> – 미국 여류평론가, 마가렛 풀러(Sarah Margaret Fuller)

'귀한 자식일수록 여행을 보낸다.' 란 일본 속담이 있다. 여행이 가져다주는 삶의 교훈이 그만큼 크다는 얘기일 터이다.

인생을 터득하는 법은 여러 방식이 있다. 독서를 한다든지, 토론을 한다든지, 영화, 연극 등을 본다든지, 아니면 강의를 듣는다든지, 종교 생활을 한다든지……. 인생을 배우는 데 어디 이것뿐이랴. 산다는 것 모두가 인생을 일러주는 방편이 될 것이다.

그러나 나는 여행만큼 짧은 시간에 인생을 직접적으로 체득하는 것은 그리 흔치 않다고 생각한다.

'여행은 떠남이 아니라 만남이다.'

여행 작가를 넘어 여행 달인으로 알려진 한비야 씨는 여행이야말로

누군가를 만나는 것이라고 강조한다.

그녀는 '여행은 오직 떠나는 자의 것이다.' 라며 여행을 예찬하며 종용하고 있다.

이 얼마나 멋진 말인가. 여행은, 여행은 만남을 위한 떠남이다. 사람과의 만남, 세상과의 만남, 자연과의 만남, 그리고 자신과 만나는 게 곧 여행 아니겠는가.

이십대 젊은 날에 홀로 자전거를 타고 며칠 동안 동해

안으로 여행한 적이 있었다. 밤이고 낮이고, 혼자 맞닥뜨린 생경스런 세상 속으로 체인을 굴리면서 나는 경이로운 만남에 감탄을 하곤 했다.

숨 막힐 것만 같았던 나의 반복되는 생활에 신선한 충격이 아닐 수 없었다. 수많은 위험과 불편, 그리고 불안과 고통을 겪으면서 훌쩍 자라난 나를 보았다.

《명심보감》에 '한 가지 일을 겪지 않으면 한 가지 지혜가 자라지 않는다.' 고 하였다. 그 당시 나는 무엇이 되었든 삶의 비결 하나를 얻고 싶어 여행을 떠났었다. 결과적으론 무엇을 얻기보다는 앙금처럼 남아 있던 삶의 묵은 때를 내던지고 왔던 것 같다.

'텅 빈 충만' 이랄까. '비어 있음' 으로 되돌아온 나는 그제야 무언가 새로운 것을 채울 수 있는 마음의 자리가 생겨났다. 지혜는 채움에서가 아니라 비움에서 생겨나는 것을 깨달았다.

심지어 '집에 있는 빠꼼이보다 돌아다니는 멍청이가 낫다.' 고 한다.

여행 1년은 평범한 인생 10년과 맞먹을 정도란다. 책상에서 벗어나 인생을 몸으로 배우는 여행이야말로 우리를 성숙하게 한다.

우리가 여행을 꿈꾸지는 않지만, 여행은 우리를 꿈꾸게 한다. 현명한 사람은 책상에 앉아 고뇌하지 않고 봇짐을 꾸릴 것이다.

별 8

> 우리는 이 땅을 조상으로부터 물려받은 게 아니라
> 후손으로부터 빌려 온 것이다.
>
> – 생텍쥐페리

인간의 건설은 곧 자연의 처지에선 파괴이다. 인간은 자신의 안락함을 더 향유하기 위해 자연을 계속 파헤치고 있다. 문명이 발전하면 할수록 생명은 끊임없이 죽어나간다.

생명의 논리보다 경제논리에 우선하는 정책입안자들은 애당초 뭇 생명엔 그다지 관심이 없는 듯 보인다. 자연의 생명은 그저 인간을 위한 부속물에 불과하다고 생각하는 것 같다.

'친환경' 이니 '에코그린' 이니 '녹색성장' 이니 무수한 수사가 난무하지만, 지극히 인간 중심적 사고에서 벗어나지 못하고 있다.

우리가 머물고 있는 이 땅은 조상으로부터 상속받은 게 아니다. 함부로 탕진하여 버릴 땅이 아니다. 그야말로 이 땅은 우리 후손에게 빌려 온

것이다. 이 작은 생각의 차이가 우리 행동을 바꾸게 한다.

우리는 너무나 환경에 반하는 삶을 살고 있다. 인간만큼 갖은 쓰레기를 쏟아내는 동물도 없다. 이 지구는 인간만을 위한 땅이 아니다. 모든 생명체가 어울려 살아야 할 곳이다.

거창한 일부터 나설 게 아니라 자신에게서 쏟아져 나오는 쓰레기를 줄이는 일부터 앞장서야 한다.

자랑처럼 보일지 모르겠지만, 내 자취방 주방엔 세제가 없다. 음식을 하지 않아서가 아니다. 오히려 아침저녁 꼬박꼬박 챙겨 먹고 점심으로 먹을 도시락까지 싸서 다닌다. 세제가 없이도 가능한 일이다. 기름기는 휴지로 초벌 닦이 한 다음 물로 씻어내면 굳이 세제가 필요치 않다. 설령 조금 덜 닦였다고 하여도 세제의 유해 잔류물을 염려하지 않아도 되어 안심된다. 후손에게, 자연에 해를 끼치지 않겠다는 나의 작은 마음이다.

얼마 전 무소유의 철학을 몸소 보여준 법정 스님이 열반하셨다. 마지막 가는 순간까지 소유하기를 마다했던 스님의 모습에 우리는 또 얼마나 감동했던가.

쓰레기가 많이 나온다는 것은 그만큼 소유하고 있다는 말이다. 소유가 적으면 부산물도 적지 않겠는가.

후손들에게 빌려 온 땅을 온전히 전달하기 위해 우리가 과연 무엇을 해야 할지 고민해 보아야 할 일이다.

별 9

> 사람은 자기를 기다리게 하는 자의 결점을 계산한다.
>
> – 프랑스 속담

약속에 대해 정확히 지적한 말이다.

대부분 약속을 어기는 사람은 습관적이다. 가볍게 약속하고, 약속 깨는 걸 수시로 하는 사람이 있다. 그야말로 '참을 수 없는 존재의 가벼움'이라는 생각이다. 자고로 입으로 내뱉은 말은 철저하게 지키는 언행일치의 삶을 만들어 가야 한다.

약속을 어긴 사람은 가장 근원적인 신뢰를 잃고 만다. 신용불량자임을 광고하는 셈이다. 이런 조그만 믿음도 주지 못하는데 어떻게 큰 신뢰를 얻을 수 있을까. 차라리 약속하지 않느니만 못하다.

우리나라 사람에겐 아직도 '코리안 타임' 이란 오명이 있다. 내가 생각하기엔 약속 시각을 어기는 것은 상대의 인생을 갉아먹는 행위라고 본다.

우선 약속 시각에 딱 맞추어 가려는 생각에 문제가 있다. 도심지의 교통상황은 늘 변수가 많다. 그러다 보니 서두르게 되고, 교통질서를 무시하게 되고 심지어는 사고를 유발하기도 한다. 우리의 삶은 마치 기다림을 잃어버린 사람처럼 잠시의 여백이 없다.

약속된 모임 장소에 가보면 이상하게도 가까이에 사는 사람보다 멀리 있는 사람이 더 먼저 와서 기다리는 경우를 자주 본다. 멀리 있는 사람은 가는 시간을 정확히 재단할 수 없어 좀 여유 있게 나서기 때문이고, 가까이에 사는 사람은 가는 시간을 정확히 알고 시간에 딱 맞추어 가려 해서 늦장을 부리다가 약속시각을 넘기게 돼버린다.

나는 약속을 하면서 늘 이 속담을 생각한다. 그래서 항상 약속 시간보다 2~30분 먼저 도착하는 걸 염두에 두고 출발하려고 노력한다. 약속 시각에 도달하지 못할 것을 염려하기보다는 미리 가서 자투리 시간을 어떻게 보낼까 생각하여 책 한 권을 들고 가거나 해야 할 말들을 정리하곤 한다. 약속은 아예 30분 정도 기다릴 생각을 하고 나서는 게 좋을 듯하다. 그래야 마음을 가다듬는 시간이 생겨 만남을 소홀히 하지 않을 수 있기 때문이다.

기억해야 한다. 그대를 기다리는 사람은 레이더 스캔처럼 그대의 결점을 찾고 있다는 것을…….

별 10

> 먹을 가까이하게 되는 자는 검게되고,
> 붉은 것을 가까이하게 되는 자는 붉게된다. 近墨者黑, 近朱者赤
>
> – 사자소학

유유상종類類相從, 같은 무리끼리 서로 사귐을 말한다. 친구는 또 하나의 나다. 친구를 통해 나를 투영해 볼 수 있다. 사람을 알려면 그의 친구를 보라는 말이 있을 정도이다.

사람의 만남은 같은 파장을 지닌 사람끼리 강한 자장이 형성되어 끌리게 되어 있다. 끼리끼리 만나는 것이다. 친구를 잘못 사귀어 인생을 망치는 경우를 종종 본다. 반대로 친구 덕분에 인생을 멋지게 반전하는 예도 많다.

옳지 않은 길을 갈 때 바로 잡아줄 수 있는 가장 영향력 있는 사람은 누구일까. 나는 단호히 친구라고 말하고 싶다. 부모, 형제, 선생님보다 더 말이다. 같은 세대의 동일한 공감대가 서로에게 큰 영향을 주기 때문

이다.

부처님은 “좋은 도반이 수행의 절반”이라는 아난존자의 말에 “그런 말 하지 말라 좋은 도반은 수행의 전부이다.”라고 하였다. 도반이 인생에 큰 비중을 차지함을 갈파하고 있다. 친구를 사귄다는 것은 자신의 분신을 찾는 것과 같다.

“자기보다 훌륭하거나 비슷한 사람을 만나지 못하였거든 굳건히 혼자서 길을 가라. 어리석은 자와 벗하지 마라.”

벗을 사귐에 있어 《법구경》은 이렇게 경종을 울리고 있다.

당연한 말이지만, 좋은 친구를 만나는 것도 중요하다. 그러나 스스로 좋은 친구가 되어야 한다. 내가 오염수라면 파리가 꼬일 것이고, 내가 청정수라면 맑은 물고기가 찾을 것이다.

좋은 친구를 밖에서 찾으려 하기 전에 우선해야 할 일은 스스로 마음자리를 닦아야 한다. 그런 다음 나의 빈자리에 벗을 청하는 것이다.

자신은 혼탁하면서 깨끗한 친구를 바라는 일은 마치 썩은 물에서 1급수 물고기가 노닐기를 바라는 것과 진배없다.

그대가 도박을 좋아하면 도박꾼을 부를 것이고, 술을 좋아하면 술꾼을 만나게 되는 것은 너무나 자명하다. 베푸는 일을 좋아해 보아라. 그대는 분명히 마음이 풍족한 사람들을 만나게 될 터이다. 배움을 좋아해 보아라. 공부하는 사람들과 교류하게 되지 않겠는가 말이다. 세상일은 결국 내가 만들어 가는 것이다.

순자荀子는 일찍이 이렇게 말하였다.

"쑥갓은 삼대 밭 속에서 자라면 부축하지 않아도 곧게 크고, 흰 모래가 진흙 속에 있으면 자연스럽게 검게 변한다. 모든 사물은 가까이 있는 것에 물드는 것이다(蓬生麻中 不扶自直, 白沙在泥 與之皆黑)."

별 11

> 좋은 집을 살 게 아니라 좋은 이웃을 만나야 한다.
>
> – 스페인 속담

집을 구할 때, 우리의 관심사는 좋은 집에 있지 좋은 이웃은 아닌 것 같다. 얼마나 더 평수가 넓고 방은 몇 개고 구조는 잘 짜여 있는가. 방은 아늑한가. 교통은 편리한가. 투자성은 있는가…….

그런데 정작 집을 살 때 가장 중요한 항목은 좋은 이웃이어야 하지 않을까 싶다. 하기야 요새 인심이 옛날 시골 인심이 아니고 보면 이웃이 그다지 중요하지 않을는지도 모른다.

경제논리로는 주택의 투자성이 중요한 요소겠지만, 그곳에서 생활하는 처지에서는 두말할 필요도 없이 이웃이 좋아야 한다.

이웃사촌이란 말은 멀리 있는 친척보다 가까이에 있는 이웃이 낫다는 말일 게다. 이웃에 큰 경사가 있으면 하다못해 떡고물이라도 생기지 않겠는가. 이웃이 향수 가게라면 향내가 우리 집에까지 미치게 되리라. 반면에 이웃에 큰 불행이 닥친다면 결국 그 여파가 우리 집에까지 미칠 수도 있는 것이다.

조선 후기 실학자인 이중환은 자신의 저서 《택리지》에서 살기 좋은 입지 조건으로 네 가지를 들었다. 지리地理, 생리生利, 산수山水, 인심人心이 그것이다. 복 있는 풍수 조건에 인심을 간과하지 않고 있다.

좋은 집을 살 게 아니라 좋은 이웃을 만나야 한다는 스페인 속담은 단순히 주택만을 의미하는 것은 아닐 게다.

우리의 관점이 본질을 꿰뚫어야 한다는 말이다. 사물의 가치를 볼 때 무엇이 과연 더 중요한가를 일깨워주고 있다. 제아무리 집이 고급스럽고 화려한들 범죄로 악명 높은 할렘 가에 들어서 있다고 보면 재고해봐야 할 일이다. 나 혼자만 사는 세상이 아니기 때문이다.

스스로 좋은 이웃이 되고 또 좋은 이웃을 만날 때, 좋은 마을이 될 것이고 나아가 좋은 지역이 될 것이다.

당나라 시인 백낙천은 이사 가서 오동나무에 걸린 달을 보고 흥에 겨워 집값을 더 주었다고 하니 품격 높은 그의 안목에 감탄하게 된다.

좋은 이웃뿐 아니라 좋은 분위기까지 살 수 있는 안목을 길러야겠다.

별 12

> 사내는 양 볼 사이와 양다리 사이에서 평판이 정해진다.
>
> – 탈무드

예로부터 남자는 세 끝을 조심하라고 했다. 혀끝, 손끝, 음경 끝을 말한다. 남자에게 있어 거의 모든 범죄와 타락은 모두 이 세 끝에서 시작된다고 해도 과언이 아니다.

손끝에서 생기는 죄는 도둑질, 폭행, 노름 등이 있고, 혀끝에서 생기는 죄는 거짓말, 이간질, 자기 자랑, 험담 등이 있을 것이며, 음경 끝을 잘못 놀리면 타락으로 가는 지름길이 된다.

《탈무드》에서 갈파한 '남자의 평판은 양 볼 사이와 양다리 사이에서 정해진다.' 라는 말도 세 끝을 조심하라는 말과 같다.

요새는 꼭 남자에 한하지 않고 여자들도 마찬가지라 생각된다. 특히나 여자들은 '양 볼 사이' 를 조심해야 할 것 같다. 수다에는 누가 뭐래도

남자들보다는 여자가 탁월한 재능을 발휘하니까 말이다. 어느 조사 기관에서 조사해보니 여자의 수다가 일 년 열두 달 중에 2월에만 줄었다고 한다.

남자에게 있어 '양다리 사이'의 욕구는 생식 능력이 생긴 이후에 늘 문제를 유발한다. 사회적으로 성공한 사람도 단 한 번의 실수로 나락으로 추락하는 경우가 종종 있다. 심지어 대통령을 한 사람에게도 이런 추문이 발생하는 것으로 보아 남자의 태생적, 운명적 비애라고까지 해야 할 것 같다.

어느 기자가 대통령을 시해한 사람에게 대통령의 여성편력을 물은 적이 있다. 그러자 그는

"남자의 허리띠 아래는 말하는 게 아니다."

라며 일언지하에 대답을 거부했다고 한다. 자신의 정당성을 옹호하기 위해 상대의 모든 부분을 흠집 낼 수도 있었을 텐데, 그는 입으로 지켜야 할 선을 지켜냈던 것이다.

스님은 금욕해야 한다. 재가 불자는 삿된 음행을 하지 말라는〔不邪淫〕계를 받지만, 스님은 아예 불음不淫을 지켜야 한다. 그런데 한 가지 재미나는 것은 스님이 될 수 없는 부적합한 신체조건 중에 '성적으로 불능인 사람' 도 포함되어 있다는 사실이다.

이것에는 여러 뜻이 있을 게다. 도道를 구하는 데 성性은 극복의 대상이라는 말이다. 온전한 신체를 가진 사람이 온전히 극복함으로써 도道를 얻을 수 있다. 아예 성적 불능이어서 극복 자체가 필요 없는 인체야말로 천혜의 조건이 아니라 되레 최악의 조건이라는 뜻이리라. 또한 이를 용인하면 인욕의 마음이 아니라 화학적, 물리적 거세를 통해 의타하려는 구도자가 없으리라는 보장도 없다.

신문에서 어느 큰스님의 수행 회고록을 본 적이 있다. 스님은 어려서 입산하여 청년기에 끊임없이 용솟음치는 욕정 때문에 급기야 극단의 방

법을 쓰기에 이르렀다. 도마 위에 자기의 물건을 올려놓고 삭도削刀로 사정없이 내리쳐 버린 것이다.

남자는 양다리 사이에 있는 것 때문에 그만큼 감내해야 할 고뇌도 상존하고 있다. 나는 가끔 수컷의 생식본능이 소량의 횟수로 정해져 버렸으면 좋겠다고 상상한다. 일테면, 평생 10번 정도로 말이다. 이 횟수를 넘으면 아예 생식능력도 없어지고 성적 욕구도 생기지 않았으면 좋겠다는 엉뚱한 생각을 해보게 된다. 그렇게 되면 성적 본능을 함부로 남발하지도 않을뿐더러 금덩이보다 소중히 여길 텐데 말이다.

'성욕性慾은 곧 생욕生慾' 이라는 말이 있지만, 꼭 필요한 곳에 쓰게 되면 추억이 되고 그렇지 못하는 경우엔 추악醜惡이 된다는 점을 간과하지 말아야 할 일이다.

2

마·음

마음이 변하면 태도가 변한다.
태도가 변하면 습관이 변한다.
습관이 변하면 인격이 변한다.
인격이 변하면 인생이 변한다.

- 스위스의 문호 《아미엘 일기》 中

별 13

> 원치 않은 일에 성공하기보다는 차라리 실패할지언정
> 원하는 일을 하고 싶다.

– 미국 코미디언 조지 번스

사람들은 대개 무언가를 선택하는 쪽이라기보다는 선택당하는 쪽에 가깝다. 판단이 미숙한 어린 시기에는 자신이 처한 환경에 의해, 성적에 따라, 또는 누군가의 강요에 의해 진로가 결정되곤 한다.

특히나 동양인은 서양인보다 어릴 때부터 자립심을 기르기 어려운 환경으로 말미암아 스스로 판단하는 능력이 부족하다. 스스로 결정을 해야 할 나이에도 타의에 의존하려는 경향이 많다. 전공을 택하는 데도, 직업도, 사랑도, 육아도…….

이러다 보니 원치 않은 일에서 성공을 갈망하는 사람들이 많다. 자신이 좋아하는 분야가 아니라 어쩌다 선택된 그곳에서 '더 높이'를 갈구하고 있다. 철학도, 신념도, 정도도 없다. 그저 높은 자리와 많은 급여를 바랄 뿐이다.

사정이 이러하니 자신의 직업에 애정이 있을 수가 없다. 삶의 보람도 없다. 다람쥐 쳇바퀴 같은 회전 인생에 회의를 느낄 때쯤 짬짬이 하고 싶은 스포츠며, 취미생활에 기웃거려 보지만, 청량음료처럼 잠시 잠깐의 청량감만 줄 뿐이다. 그러니 이 일을 어찌해야 하는가.

가장 이상적인 것은 좋아하는 일에 성공하는 사람일 것이다. 그러나 좋아하는 일과 현실과는 늘 좁혀지지 않는 간극이 존재한다. 좋아하는 일을 하자니 굶게 생겼고, 원치 않는 일을 하자니 나를 잃어버리게 생겼다. 양날의 칼을 쥐고 있는 셈이다. 옳은 가치로 분별해야 한다.

"나는 내가 좋아하는 일에 실패할지언정, 내가 싫어하는 일에서 성공을 거두지는 않을 것이다."

차라리 실패할지언정 원하는 일을 해야겠다는 말 속에는 진한 슬픔이 배여 있다. 그럼에도, 그 슬픔 안에 보석처럼 반짝이는 행복함이 깃들여 있다.

아~ 그것은 행복한 슬픔인가? 아니면, 슬픈 행복함인가?

선택은 역시 그대 몫이다.

별 14

> No pain, no gain.
> 고통 없이는 성취도 없다.

– 영어 격언

‘무한무득無汗無得.’

땀을 흘리지 않으면 얻는 것도 없다. 당연한 말인데 우리는 당연하지 않게 행동한다. 땀은 적게 흘리면서 이익은 더 많이 바란다. 공짜라면 넋을 잃는다. 머릿속에 성능 좋은 계산기를 장착하여 이익을 계산하기 바쁘다. ‘죽어도 손해나지 않으오리다.’ 다.

이 세상에 ‘공짜’ 라는 말이 있을까. 공짜는 애초부터 없다는 생각이다. 공짜라는 기준은 단순히 돈의 논리다. 내가 소유한 돈의 지출 여부에 따라 공짜니, 아니니 따질 뿐이다. 그러나 생각해보라.

예를 들어 쌀을 공짜로 받았다고 한다면, 소유한 돈의 관점에서는 공짜일는지 모르겠으나 자연의 관점에서는 공짜란 가당치도 않은 말이다.

쌀이 되기까지 무려 88번의 자연과 사람의 공덕이 있다고 한다.

'쌀 미米' 자의 어원을 보면 알 수 있다. 쌀米이 위에 팔八과 중간에 열십十 그리고 아래에 팔八이 합쳐진 글자이다. 즉, 88번의 정성이 있어야 얻어진다고 해서 만들어진 글자이다. 쌀 한 톨에도 이러한 공덕이 깃들어져 있거늘 어찌 인간의 알량한 돈만으로 공짜를 말하겠는가.

모든 종교에서 한결같이 말하는 말은 '도둑질하지 마라.' 이다. 남의 물건을 훔치는 것만이 도둑질하는 것은 아니다. 일하지 않고 바라는 것 또한 도심盜心이 아니겠는가. 땀 흘리지 않고 바라는 마음, 노력하지 않고 큰 결실을 바라는 마음, 적게 주고 많이 바라는 마음…….

김연아 선수가 말해 더욱 유명해진 말,

'no pain, no gain.'

고통을 이긴 자만이 성취를 할 수 있다. 단순한 이 말은 누구나 말할 수는 있지만, 아무나 이룰 수는 없다.

꿈은 달콤하다. 그러나 그 꿈은 항상 고통의 강 너머에 있다. 고통을 거치지 않는 꿈은 꿈을 위장한 환영일 뿐이다.

별 15

> 변화 당하기 전에 변해야 한다.
> Change before you have to.

– 영어 격언

'미래는 준비된 자의 것이다.' 라는 말이 있다. 범인들은 현실에 안주하려는 속성이 있다. 현실이 달콤하든 씁쓸하든 사고의 폭이 늘 현재에 머물러 있다. 이런 점이 비범한 사람과의 차이점이다.

비범한 사람은 현실에 안주하지 않는다. 그들은 알고 있다. 인생이란 끊임없이 변하는 과정이고 변하지 않으면 도태된다는 사실을.

불가에서는 '제행무상諸行無常' 이라 했다. 모든 일체는 고정되어 있지 않고 항상 변한다는 뜻이다. 변함이 없을 것만 같은 하늘에 해도, 달도, 별도, 지구도……. 그 어떤 것도 항상 고정된 것은 없다. 하물며 인간이야 두말할 필요가 있겠는가.

애초부터 인생의 속성은 변화이다. 한곳에 한 모양으로 머물러 있지

않는다. 생로병사의 거친 굴레로 수레바퀴 마냥 굴러가는 게 인생이다. 멈춰 있다는 것은 죽음이다. 엄밀히 말해 죽음마저도 멈춰 있는 것은 아니다. 골육과 살은 썩어 흙이 되고 피, 수액은 물로 가는 과정을 멈추지 않을 것이다.

사고의 멈춤은 주검과 같다. 인간은 계속 변해야 한다. 변하지 않으면 결국 타의에 의해 변화 당하고 마는 게 인생이다. 먼저 나서서 자신을 변화하지 않으면 시대에 도태되는 것으로 그치는 게 아니라 변화 당하게 된다. 어차피 변해야 살 수 있다면 스스로 변해야 하지 않겠는가.

비근한 예로 넉넉하다고 절제 없이 입을 호사시키면 기어이 병이 찾아와 먹는 것에 제재를 가한다. 결국, 자의가 아니라 타의에 의해 할 수 없이 고통스럽게 변화 당하고 마는 것이다.

어떤 사람은 자신은 변하지 않으면서 세상이 변해주길 바라는 사람도 있다. 지독한 독선이고 아집이다. 변화하지 않으려는 사람일수록 사람을 비판하고 세상에 불만이 많다. 뿐만 아니라 이런 사람들은 자신의 행동을 반성하기는커녕 변명하기에 급급하다.

"모든 사람은 세계가 변해야 한다고 생각하지만, 자신이 변하려고 하지는 않는다." 톨스토이의 지적이다.

유향이 지은 《설원》이라는 고전에 이런 우화가 있다.

> 올빼미가 비둘기를 만났다.
>
> 비둘기가 물었다.
>
> "그대는 어디로 가는가?"
>
> "나는 동쪽으로 이사 가려고 하네."
>
> "왜 이사 가려고 하는가?"
>
> "사람들이 모두 내가 우는 것을 싫어하기 때문에 동쪽으로 이사 가려고 한다네."
>
> 그러자 비둘기가 말하였다.
>
> "그대가 우는 것을 바꾸면 되지 않겠는가. 우는 것을 바꾸지 않고서 동쪽으로 간다 한들 여전히 그대 소리를 싫어하지 않겠는가?"

"세상은 끊임없이 빠르게 변하고 있다. 변하지 않는 것이 있다면 '변한다.' 란 말뿐이다."

어느 방송인의 말이 새롭게 들린다.

별 16

> 전쟁터에서 백만대군을 정복한다 해도 자기 자신을 정복한 사람이 가장 훌륭한 승리자다.

《법구경》

군자는 자신의 약함을 걱정하지 적의 강함을 걱정하지 않는다고 옛 어른들이 말하였다.

자신을 마음대로 조율하는 사람은 위대한 승리자다. 최후의 적은 언제나 바깥에 있는 것이 아니라 내 마음 안에 있다.

육신은 언제나 안락함을 원한다. 맛난 음식을 먹고 싶어 하는 욕구, 잠자고 싶은 욕구, 애욕의 욕구…….

자그만 틈새에도 안락함에 탐착하고 마는 육신을 오롯한 마음으로 능히 제어할 수 있는 사람이 진정한 승리자이다.

사람의 혀는 맛난 것에 집착한다.

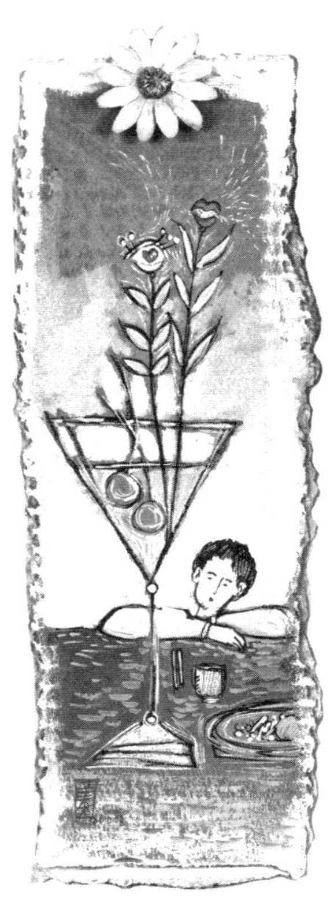

사람의 눈은 감각적 보임에 집착한다.

사람의 귀는 달콤한 얘기에 집착한다.

사람의 코는 향내에 집착한다.

사람의 몸은 쾌락에 집착한다.

사람의 마음은 탐욕에 불타오른다.

우리는 매일같이 백만대군과 맞서 싸우듯 자신과의 일전一戰을 벌이고 있다.

"출가는 스님만 하는 게 아니다. 매일 아침마다 누구나 출가를 하고 있다……. 어제는 전생이요, 오늘은 현생이고 내일은 다음 생이다."

어느 스님의 말은 내일을 위해 오늘을 어떻게 살아야 하는지 갈파하고 있다.

아침에 수면욕과의 싸움에서 이불을 걷어차고 불끈 일어나는 일도, 저녁에 텔레비전의 유혹을 뿌리치는 것도, '딱 한 잔만' 의 유혹도……. 소소하지만, 매일매일 끊임없이 벌어지고 있는 자신과의 싸움이다. 자신을 극복하는 게 거창한 일인 것 같지만 실은 아주 작은 것에서부터 시작된다.

몸의 욕구를 이겨내기 위해서는 역설적이게도 또 다른 강렬한 욕구가 있어야 한다. 이를 욕구라 하지 않고 꿈이라고 표현한다. 펄펄 끓는 용광로 위에 제아무리 눈발이 날려도 채 닿기도 전에 녹아 없어지듯이 뜨거운 꿈이 있다면 마냥 안락하기를 원하는 번뇌를 제어할 수 있다. 그래서 사람은 옳은 가치의 꿈이 있어야 한다.

자기 자신을 이긴다는 것은 옳은 꿈을 가꾸는 일이고, 그 강렬한 꿈이 감각적 탐착으로부터 벗어나는 길임을 새길 일이다.

별 17

> 천한 직업이란 없다. 다만, 태도가 천할 뿐이다.
>
> – 프랑스 격언

하루는 링컨 대통령이 백악관에서 구두를 닦는 모습을 보고 비서가 놀라며 말했다.

"아니, 각하께서 손수 구두를 닦으시다니 말이 됩니까?"

그러자 링컨이 더 깜짝 놀란 표정으로 되물었다.

"아니, 그럼 내가 다른 사람의 구두까지 닦아주어야 한단 말이오?"

그 당시 링컨 대통령은 시골뜨기라서 품위가 없다고 비난하는 무리가 있었기에 비서는 대통령을 위해 충고를 할 때가 바로 지금이라고 생각했다.

"각하! 대통령의 신분으로 그런 일을 하시면 좋아 보이지 않습니다."

이 말을 들은 링컨은 부드러운 미소를 지으며 말했다.

"신발을 닦는 것이 부끄러운 일인가? 세상에는 천한 직업이라고는 없다네. 다만, 천한 사람이 있을 뿐이지."

링컨의 일화는 직업을 대하는 태도에 대해 생각하게 된다. 역시 위대한 사람은 자그만 행동도 범상치 않다. 대부분 사람은 직업을 보고 그 사람을 평가하고 판단해버리고 만다. 사람에게 가장 안 좋은 버릇은 사람을 인품이 아니라 외적인 조건으로 판단하려는 데 있다. 천한 직업은 없다고 본다. 단지 직업을 대하는 태도가 천할 뿐이다.

내가 잘 아는 분 중에 고물상을 하는 부부가 있다. 그 부부는 많은 사업의 실패로 더는 할 수 있는 일이 없었다. 빚에 쫓기면서 자본이 들지 않는 일을 찾다가 고물상을 시작하게 되었다고 한다. 처음엔 부끄러워 말도 제대로 못 하였다. 그들은 시내에서 박스를 수집하곤 하였는데 창피하기도 하였지만, 그들 부부를 대하는 사람들의 태도 또한 감내하기 어려웠다. 사람들이 함부로 자신들을 대할 때는 그만두고 싶을 때가 한두 번이 아니었다고 한다.

그러나 그 부부는 지금 매우 만족하고 있다. 고물상을 하여 두 아이를 대학까지 무사히 마치게 하였고 생계를 이어갈 수 있으니 얼마나 감사한 일이냐고 그들의 직업에 자긍심까지 가지고 있었다. 그들은 자신의 직업을 소중하게 여겼기 때문에 늘 감사하는 마음으로 사는 것이다.

세상의 천한 직업은 없다. 단지 사람들이 자신의 직업을 천하게 대할 뿐이다.

별 18

> 말로든 글을 통해서든, 가장 슬픈 말은
> '그럴 수도 있었는데' 라는 말이다. — 휘티어, 미국 시인

이 말은 주식시장에서 격언으로 많이 쓰인다. 매일매일 롤러코스터를 타는 것처럼 변화가 심한 곳이기 때문이다. 어제의 잘못된 선택을 오늘 제아무리 후회해본들 소용이 없는데 대다수 사람은 어제에 집착을 한다.

'만약 이랬더라면 오늘 손실이 나지 않았을 텐데…….' 땅을 치며 한탄해본들 어제가 다시 돌아오지는 않는다. 이런 사람은 무언가 핑곗거리를 찾게 마련이다. 자신 탓이 아니라 남 탓을 한다. 그래서 원망의 마음을 부른다. 그런데 사실 모든 것은 자신이 판단하는 것이다. 탓하려거든 자신을 탓해야 한다.

인생은 되돌아갈 수 없다. 현재와 미래만 생각하기에도 인생은 버겁다. 과거의 안 좋은 기억들은 빨리 잊는 게 상책이다. '그럴 수도 있었는

데' 라는 말보다 '앞으로는 그렇게 하지 말아야지.' 로 바꾸어야 한다.

과거의 잘못된 기억이 필요한 이유는 딱 한 가지다. 미래에는 그와 같은 어리석은 실수를 반복하지 않겠다는 생각이면 족하다. 돌이킬 수 없는 것을 집착하는 것만큼 서글픈 일이 어디 있을까. 과거의 그림자 때문에 아직 도래하지도 않은 미래에 나쁜 파장을 줄 필요는 없다.

'그럴 수도 있었는데' 이 말이 세상에서 가장 슬픈 말이라면, 현명한 말은 '앞으론 그렇게 하지 말아야지.' 라는 말이다.

에디슨이 축전지를 발명할 때 2만 번의 실험에 실패했다고 한다. 그는 2만 번을 실패라 하지 않고 '2만 번의 노하우' 라고 하였다. 과거 속 실패에 빠져 허우적대며 희망을 보지 못했다면 어떻게 위대한 발명이 나왔겠는가.

톨스토이는 언제나 세 가지 물음을 달고 살았다고 한다. 이 세상에서 가장 중요한 사람은 누구인가? 이 세상에서 가장 중요한 일은 무엇인가? 이 세상에서 가장 중요한 시간은 언제인가?

그의 대답은 분명했다. 지금 내 앞에 있는 사람이, 지금 내가 하는 일이, 지금 바로 이 시간이 가장 중요한 것들이다.

지나간 과거에 끄달리는 것은 매우 어리석은 일이다. 그대가 역사학자가 아니라면 오늘과 내일만 생각할 일이다. 그것만 해도 시간이 모자라 쩔쩔맬 것이다.

다시는 오지 않을 과거 속 잔영의 노예가 될 필요가 무에 있을까.

별 19

> 동천년로항장곡桐千年老恒藏曲 오동은 천 년을 늙어도 가락을 지니고
> 매일생한불매향梅一生寒不賣香 매화는 일생을 추워도 향기를 팔지 않는다.
>
> – 조선 중기의 학자 신흠申欽, 《야언野言》에 나오는 시

지조와 절개를 지키며 산다는 게 쉬운 일은 아니다. 조선 오백 년사를 지킨 것은 꼿꼿한 선비정신이라고 한다. 가난해도 예의와 자존심만은 버리지 않았던 선인들이 그리워지는 시대이다. 현실과 타협하지 않고 오로지 정도正道로만 가고자 했던 선비정신. 선비는 자신이 설령 불리할지라도 현실의 잘잘못을 보고 비판하는 데 주저함이 없었다.

오동은 천 년의 세월이 흘러도 가락을 잃지 않고, 매화는 따뜻하기 위해 향기를 팔지 않는다.

우리의 삶을 생각해 보게 된다. 자그만 이해관계에 따라 갈대처럼 흐느적거리는 일이 다반사가 아니었던가. 재물에 눈이 어두워 비굴한 아

첨으로 현실과 타협하려 하지는 않았는지, 나의 안위를 위하여 자존을 버리고 도道가 아님을 알고도 부정한 뒷거래를 하진 않았는지, 부모님께 효孝는 고사하고 근심 걱정만 드린 것은 아닌지 생각해 볼 일이다.

금영무참衾影無慙.

선비는 남이 안 보는 곳에서도 부끄러운 행동을 하지 말아야 한다. 자신의 이불과 자신의 그림자에게마저도 스스로 돌이켜 부끄럽지 않아야 한다.

하늘을 우러러 한 점 부끄럼 없는 나였으면 좋겠다. 누가 보거나 안 보거나 스스로 좌정하여 허물된 행동을 하지 않는 나였으면 좋겠다. 언제나 당당하게 세상과 마주할 수 있다면 참 좋겠다. 매일매일 도道를 깨우치는 데 소홀함이 없고 의義가 아니면 나서지 않으며, 귀천을 가리지 않고 예禮로서 대하고, 말에는 신의信義가 있으며, 오늘 비록 주릴지라도 학문智을 익히는 데 주저하지 않는 내 모습이면 참 좋겠다.

별 20

> 악의 열매가 익기 전에는 악한 사람도 복을 받는다.
> 그러나 악의 열매가 익은 때에는 악한 사람은 죄를 받는다.
> 선의 열매가 익기 전에는 착한 사람도 화를 만난다.
> 그러나 선의 열매가 익은 때에는 착한 사람은 복을 만난다.
>
> – 《법구경》

"저 사람은 못된 짓만 골라 하는데 어쩌면 그렇게 풍요롭게 사는지 몰라."

또는

"저 양반은 법 없이도 살 착한 사람인데 왜 그렇게 가난한지 몰라."

이런 말들을 하면서 이 세상엔 정의도 없고, 신神마저도 없다고 한다. 세상 법칙이 이러할진대 무슨 윤리도덕이 필요하며 선행이 필요하냐고 되묻기까지 한다.

오죽하면, 욕을 많이 얻어먹어야 오래 산다고까지 하는 세상이다. '착한 사람' 이라는 말은 '무능력한 사람' 의 다른 이름이란다.

그러나 이 《법구경》 글은 악한 자가 잘살고, 선한 자가 못사는 이런 모순의 세상을 절묘하게 파헤쳐 주고 있다.

인과因果는 반드시 존재한다. 다만, 결실이 있기까지 시간이 필요할 뿐이다. 봄에 뿌린 씨앗을 어찌 봄에 결실을 얻겠는가. 행위의 결과는 곧바로 나타나는 게 아니다. 지금 나의 행위는 그저 씨앗을 뿌리는 것과 같다. 세월이 익어야만 비로소 그 씨앗의 결실이 나타난다.

오늘 악을 행했다 해서 오늘 곧바로 상응한 벌을 받지 않는다. 오늘 선을 행했다 해서 오늘 곧바로 복을 만나지는 않는다.

씨앗이 과실로 자라게 하고 익힐 시간의 강을 건너야 한다. 이 원리를 알고 있다면, 절대로 남에게 해로운 행동을 하지 않을 텐데.

어쩌면 세상이 거꾸로 가는 듯해도 인과의 원리는 한 치의 오차 없이 이뤄지고 있다. 현재 복을 받는 사람은 오늘 선행의 씨앗을 심은 사람이 아니다. 과거에, 더 나아가 전생에 복을 많이 지은 덕분일 것이다. 현재 박복한 사람은 오늘 악행의 씨앗을 뿌린 사람이 아니다. 오래전에, 또는 전생에 복 짓기를 소홀히 한 탓일 것이다. 발복發福이 하루 사이에 이루어지고, 하루 사이에 무너지는 것은 아니다. 그러니 어찌 작복作福을 허투루 할 것인가.

인과를 믿지 않는다는 것은, 씨 뿌리고 때 되어 거두는 자연의 원리를 믿지 않음과 진배없다. 인과의 원리는 어떤 종교에 구속된 게 아니라, 그저 세상의 진리일 뿐이다. 그러니 믿고 안 믿고는 그 사람에 매인 것. 인과의 법칙을 만난 것도 어쩌면 그 사람의 복인 것을.

《명심보감》에, "착한 일을 하는 사람은 하늘이 복으로써 갚아주고, 악한 일을 하는 사람은 하늘이 재앙으로써 갚아주느니라." 하였다.

선행의 공덕功德은 절대 지워지지 않는 것이 세상의 진리다.

악행의 과보果報 또한 절대 벗어날 수 없는 것이 세상의 진리다.

별 21

> 나는 위대하고 숭고한 일을 하길 바란다.
> 그러나 내가 해야 할 일은 초라한 일들을
> 마치 위대하고 숭고한 일처럼 하는 것이다.
> 세계는 영웅들의 힘으로 움직이는 것이 아니라
> 정직하게 일하는 사람들의 작은 노력이 모여
> 그것에 의해 움직이고 있다.

– 헬렌 켈러

헬렌 켈러의 〈작은 노력에서 시작되는 세상〉이란 시이다. 사람은 누구나 지금보다 더 높고 더 큰 일을 하고 싶어 한다. 그러나 이보다 중요한 것은 지금 내 앞에 주어진 일을 숭고한 일처럼 여기며 일을 해야 한다. 주어진 작은 일도 제대로 처리를 못하면서 지금보다 큰일에 기웃거리는 습성을 버려야 한다.

널리 알려진 말 중에 '수신제가 치국평천하' 란 말이 있다. 스스로 몸과 마음을 닦고, 집안을 다스린 다음에 나라를 다스리고, 천하를 평정할 수 있다는 고사이다.

자신의 심신을 닦는 것이 가장 우선 되어야 할 일이고 최선의 공을 기울여야 할 일이다. 자신의 일도 제대로 못하는 사람이 정치판에 뛰어들어 세상을 다스리겠다고 동분서주하는 모습을 보면 참 개탄스럽다.

우리는 내 주변에서 일어나는 일을 작은 일이라 치부하고 정성을 기울이지 않는다. 하지만 세상은 이런 작은 일들이 모여 움직인다.

김대중 전 대통령은 옥중서신에서 이렇게 말한 바 있다.

"'만리장성은 진시황이 만들었다. 석굴암은 김대성이 만들었으며, 경복궁은 대원군이 건축했다.' 라고 역사는 기록한다. 이것을 누구도 의심하지 않지만 잘 생각하면 터무니없는 허구이다.

진실한 건설자는 그들이 아니라 이름도 없는 석수, 목수, 화공이다. 우리는 이 사실을 정확히 깨달을 때 이름 없는 백성에 대한 외경심과 역사의 참된 주인에 대한 자각을 새로이 하게 된다."

그런데 우리는 어떤가. 화려한 주연이 되고 싶지 조연이 되고 싶어 하진 않는다. 내가 하는 일에 큰 의미를 부여하면 그것이 곧 숭고한 일이고 내가 하는 일을 천대하면 그것이 곧 하찮은 일이다.

삶이란 그런 게 아닐까. 누구나 다 주연이 될 수 없다. 대다수 사람이 묵묵히 자신의 자리에서 의무를 다하기 때문에 세상을 그나마 지탱하는 것은 아닌지.

시인 알프레드 디 수자(Alfred de Souza)의 말을 가만 생각해보면 삶은 그저 사소한 일들의 연속임을 깨닫게 된다.

'오랫동안 나는 이제 곧 진정한 삶이 시작될 것이라 믿었다. 하지만 내 앞에는 언제나 온갖 방해물들과 급하게 해치워야 할 사소한 일들이 있었다. 마무리되지 않은 일과 갚아야 할 빚이 있었다. 이런 것들을 모두 끝내고 나면 진정한 삶이 펼쳐지리라고 나는 믿었다. 그러나 결국 나는 깨닫게 되었다. 그런 방해물들과 사소한 일들이 바로 내 삶이었다는 것을.'

별 22

> 항공학적으로 꿀벌은 날 수 없다.
> 그러나 꿀벌은 그 사실을 모르기 때문에 계속 날아다닌다.
> – 메리케이애쉬 (메리 케이 코스메틱스 회장)

'모르는 게 약이다.' 라는 속담이 있다. 지식을 쌓고 아는 것이 많을수록 자신의 견해에 갇히게 되는 우를 범하게 된다. 고정관념은 시멘트처럼 그 사람의 사고를 굳게 한다.

'배운 바보는 못 배운 바보보다 더 어리석은 자다.' 라는 격언이 있다. 사람은 지식보다는 지혜가 많아야 한다. 지식은 지혜를 얻기 위한 하나의 수단이 되어야지 지혜를 갉아먹는 곰팡이가 되어선 아니 될 일이다.

정주영 회장의 유명한 일화 중 하나는 바로 1984년 서산 천수만 방조제 공사 이야기다. 조수 간만의 차가 커서 공사를 위해 밀어 넣는 토사가 계속 휩쓸려 나갔다. 그러자 그는 폐유조선을 하나 가져다 가라앉혀 유속을 줄여 공사에 성공하였다. 소위 말하는 지식이 차고 넘치는 최고 학부의 엘리트들이 해결하지 못하던 것을 초등학교 졸업이 전부인 그가 해결했다.

꿀벌이 나는 것이 학문적으로 불가능하다고 한다. 아마도 꿀벌이 항공학을 배웠더라면 나는 것을 일찌감치 포기했을 수도 있겠다. 꿀벌의 날개는 폼으로 달고 다녔거나 펭귄의 날개처럼, 닭의 날개처럼 퇴화하여 그 기능을 잃고 말았을지도 모를 일이다. 꿀벌로 봐서는 참으로 다행스러운 일이라 아니할 수 없다.

학문이 꼭 좋은 것만은 아니다. 학문은 불가능한 일을 가능하게도 하지만, 가능한 일을 포기하게도 한다. 학문이 갖는 최대의 폐단이라 아니할 수 없다.

같은 물을 먹어도 꿀벌이 먹으면 꿀이 되지만, 뱀이 먹으면 독이 된다지 않는가. 지식은 늘 구실을 찾고 지혜는 언제나 구실을 버린다. 지식은 우리를 구속하지만, 지혜는 구속에서 벗어나게 한다. 지식은 끊임없이 무언가 채우는 과정이지만, 지혜는 계속 비워가는 과정이다. 지혜를 겸비한 지식인이 되어야 함은 두말할 필요가 없다.

오늘도 항공학과는 무관하게 여전히 꿀벌은 꿀을 따러 날아다닐 것이다.

별 23

> 오늘 내가 헛되이 보낸 시간은 어제 죽은 이가 그토록 그리던 내일이다.
>
> – 명언

우리는 '낭비'를 말할 때 금전적인 낭비만을 생각한다. 그러나 사실 시간의 낭비는 돈보다도 크다. 돈이야 벌면 된다지만 한번 무심히 흘려버린 시간은 되돌릴 수 없다.

인생에서 가장 슬픈 말은 '그럴 수도 있었는데'라는 말이라고 한다. 시간을 헛되이 보내는 사람이야말로 누구보다도 허랑방탕한 사람이 아니겠는가.

우리가 낭비한 시간 중에 제법 많은 비중을 차지하는 것이 뭐니 뭐니 해도 텔레비전이라는 생각이다.

나는 얼마 전부터 텔레비전을 집에서 떼어냈다. 텔레비전이 여러 가지 유익한 점도 있겠지만, 한 번 빠져들면 늪처럼 끌어당기는 바보상자가 따로 없다. 물먹는 하마처럼 시간을 잡아먹는 최악의 기구라는 생각이 들었다.

김수환 추기경도 텔레비전의 폐해에 대해 조언한 바 있다.

"텔레비전과 많은 시간 동거하지 마라. 술에 취하면 정신을 잃고, 마약에 취하면 이성을 잃지만, 텔레비전에 취하면 모든 게 마비된 바보가 된다."

아내와 아이들의 반발이 거셌지만, 애원 반, 강요 반으로 겨우 설득하였다. 처음엔 '금단 현상'이 오는지 매일 아쉬움을 토로하더니 세월이 지나니까 시청 요구도 시들해졌다. 아이들은 보고 싶은 프로가 있으면 인터넷으로 보곤 하는데, 그전처럼 텔레비전 앞에서 작정하고 멍하니 앉아 있는 모습이 아니어서 그나마 낫다.

텔레비전을 없애고 가장 크게 바뀐 점은 독서를 많이 한다는 점이다. 집에서 등받이를 하고 누워 텔레비전을 보는 게 유일한 휴식이라고 생각했는데, 대상이 독서로 바뀌게 되었다. 독서의 유익함이 어디 텔레비전에 비할까.

"평범한 사람들은 단지 '어떻게 시간을 소비할까.' 하고 생각하지만, 지성인은 그 시간을 '어떻게 사용할까' 하고 노력한다." 쇼펜하우어의 견해다.

이 논리에 의하면, 텔레비전은 단지 시간을 소비하는 반면 독서는 시간을 사용하는 것이라는 생각이다.

자신의 시간은 자신이 주인이어야 하는데 대부분 사람은 시간에 끌려 다닌다. 휴식시간마저도 자신이 주인이 되지 못하고 텔레비전에, 라디오에, 인터넷에 주인 자리를 내주고야 만다.

'오늘' 은 어제 죽은 이의 처지에서 가만 생각해보면 정말 꿈같은 날이다. 굳이 죽은 사람의 예가 아니어도, 병실에 누워있는 사람의 입장에서 보면 사지 멀쩡하고 건강한 오늘이 얼마나 귀중한 시간인가.

오늘을 어떻게 살아야 하는가. 두 번 다시 오지 않을 단 한 번의 시간을 어찌 허투루 보내려 하는가. 내일의 희망을 얘기하기 전에 오늘을 알지게 살아 볼 일이다.

별 24

> 당신이 하루 종일 아무런 문제에 부딪히지 않았다면
> 당신은 잘못된 길을 걷고 있는 것이다.
>
> – 스와미 비베카난다

문제없는 날이 있을까. 무슨 일을 하건 만사 술술 풀리는 경우란 내 경험상 거의 없다. 크고 자잘한 문제들이 언제고 일을 방해하고 시험에 들게 한다. 나만 그런가 했더니 다른 사람도 공감이란다. 거짓말 같지만, 아무 일도 하지 않아도 문제는 상존한다. 혼자 집에 가만히 앉아 있어보라. 엄청난 번뇌에 미칠 지경이리라.

정작 가장 큰 문제는 '왜 나만 만사가 쉽게 안 풀리는 거야?' 라며 탓을 하는 것이다. 이런 생각은 아주 저급한 생각이다. 어디 이게 원망해서 해결될 일이던가.

원래 인생은 태어난 순간부터 문제(problem)를 안고 있다. 도대체 어디서 와서 어디로 가야 하는가? 암흑 같은 삶을 스스로 불을 밝혀 헤쳐 나가야 하는 가장 커다란 문제에 봉착하는 게 인생이다.

결함 덩어리인 인간이 만든 모든 것에는 문제가 내포되어 있다. 어떤 사람이 평생에 걸쳐 연구하여 완벽한 이론을 세웠다 하여도 모순 한 점 없는 이론은 없다. 기존의 방식보다 조금 개량되었을 뿐이다.

세상에 있는 모든 이론을 보라. 완벽한 이론이 있던가. 단언컨대 어떤 것이든 인간의 것은 필연적 모순이 생긴다. 왜냐하면, 인간 자체가 완전한 존재가 아니기 때문이다. 완벽한 진리는 인간의 영역 밖의 것이다.

이런 메커니즘을 너그러운 마음으로 받아들이는 자세가 필요하다. 시간이 없으면 돈이 없고, 돈이 조금 생기면 시간이 없다. 이런 모순이 늘 상존하며 기실 꼭 무언가 하나씩 결핍된 곳이 다름 아닌 우리가 사는 세상이다.

아침에 출근하여 일하려고 하는데 컴퓨터가 고장이 난다. 문제가 발생한 것이다.

어떤 사람은 "에이 재수 없어. 어제까지 잘되던 것이 왜 하필 나한테 문제가 생기는 거야? 나는 왜 이렇게 되는 일이 없지."라며 툴툴거린다.

그러나 다른 이는 "원래 컴퓨터도 불완전한 존재야. 언제든 병도 날 수 있겠지. 따지고 보면, 그동안 관리를 소홀히 한 내 잘못이지 뭐. 덕분에 너에 대해 알 기회가 생기는구나."

받아들이는 자세가 되어 있는 사람은 이렇게 반응하며 능동적이고 긍정적으로 대처하는 것이다.

어떤 일을 하든지 '문제(problem)'는 항상 발생하고 그 문제를 하나하나 풀어가는 게 인간의 역할이며 미션이다. 문제(problem)는 어쩌면 틀에 박힌 일상에서 잠시 일탈하라는 시그널이라고 봐도 좋다. 짧은 휴가와도 같다. 하루에 반짝 생기는 휴지休止 시간인 셈이다. 이런 일탈을 소중히 여겨야지 짜증으로 응수하면 인생이 삭막하고 척박해질 수밖에 더 있겠는가.

오늘 아침에 차가 갑자기 시동이 걸리지 않아 견인차 부르고 오전 내내 카센터에서 고치느라 많은 시간을 허비하였다. 그런데 나는 그리 썩 기분 나쁜 일처럼 느껴지지 않았다.

차가 도로 주행 중에 시동이 꺼진 것보다 더 좋은 일이다. 나는 잠시 차에 대한 고마움을 생각하고 어제와 다른 환경에서 새로운 인연을 맺을 수 있어 좋았다. 나를 찾는 사람에게 양해를 구하고, 잠시 허가된 일탈을 할 수 있으니 말이다.

'당신이 온종일 아무런 문제에 부딪히지 않았다면, 당신은 잘못된 길을 걷고 있는 것이다.'라고 한 스와미의 말은 '당신은 온종일 크고 작은 문제에 필연적으로 부딪히게 될 것이다. 인생은 그 문제를 하나하나 풀어나가는 과정이다.'라는 말과 다름 아니다.

주어진 문제를 가만히 풀어나가는 재미를 느껴보라. 재미가 여간 쏠쏠한 게 아니다. 이런 정도면 이미 그대는 프로페셔널이다.

별 25

> 우리는 이미 가진 것에 대해서는 좀처럼 생각하지 않고
> 언제나 없는 것만 생각한다.
>
> – 쇼펜 하우어

'신은 우리 모두의 필요를 충족시켜주지만, 단 한 사람의 탐욕도 만족하게 할 수 없다.' 라고 간디는 말했다. 인간의 탐욕은 끝이 없다. 자족을 모른다. 이미 가진 것은 생각지 않고 언제나 나에게 없는 것을 가지려고 한다.

불가에서는 인생에 여덟 가지 괴로움八苦이 있다고 한다. 그중에서 '구부득고求不得苦' 라는 게 있다. 구하여도 얻지 못하는 괴로움이라는 뜻이다. 현대인은 구부득고에 늘 시달리고 있다.

우리는 가지고 있지 않아서라기보다는 더 많이 가지려고 괴롭고, 더 좋은 것을 가지려고 괴롭다. 사는 집이 있는데도 더 큰 집을 가지려고 하

니 괴롭고, 차가 있는데도 더 좋은 차를 가지려고 하니 괴롭다. 우리가 사들이려고 욕심을 내는 대부분은 이미 가지고 있는 것들이다.

우리네 삶은 죽어라고 일하고, 죽어라고 사들이고, 죽어라고 버리는 것 같다. 이런 행태를 어찌 해석해야 하는지.

이미 가진 것을 생각하라는 말은 자신을 긍정적으로 바라보라는 뜻도 있다. 자신은 소중한 존재다. 긍정의 눈으로 자신을 바라보면 단점보다도 장점이 더 많다. 나쁜 점만 있는 사람은 단 한 사람도 없다. 누구나 좋은 점, 잘하는 점, 좋은 마음이 있기 마련이다.

부정의 눈으로 자신을 바라보면 잘난 것도 없고, 모든 게 형편없어 보일 수도 있다. 하지만 신은 누구에게나 한 가지 달란트를 주었다. 단지 그 재능을 찾지 못했을 뿐이다.

석가모니의 일대기를 그린 헤르만 헤세의 소설 《싯다르타》에서, 주인공 싯다르타는 도대체 당신은 무엇을 잘할 수 있느냐고 질문을 받는다. 그러자 싯다르타는 자신이 잘하는 세 가지를 말한다. 단식할 수 있는 것, 기다릴 수 있는 것, 그리고 명상할 수 있는 것. 어쩌면 이런 것들은 사람들이 중요하게 생각지 않으며 의미 없다고 생각할는지 모른다. 또한, 누구나 할 수 있을 것처럼 생각된다. 그렇다. 이 중에서 하나만이라도 잘한다면, 그대는 이미 놀라운 재능이 있는 것이다. 부처님이 잘하는 세 가지 중의 하나를 잘할 수 있으니 얼마나 놀라운 일인가.

자신이 가진 것을 밝은 마음으로 들여다보기 바란다. 그러면 분명 가지고 있는 것이 더 많을 것으로 확신한다.

별 26

강과 바다가 모든 골짜기의 왕이 될 수 있는 이유는
그들보다 낮은 곳에 있기 때문이다.

– 노자

하심下心은 곧 하심河心이다. 부처는 하심下心을 말하였고, 노자는 하심河心을 말하였다. 둘은 같은 말이다. 큰 사람은 자신을 가장 낮은 데로 둔다.

노자는 도덕경에서 물처럼 사는 게 최고의 선善이라 말하였다.(上善若水)

그는 그 이유로 세 가지 이유를 들었다.

첫째, 물은 만물에 필수 불가결한 이로운 존재이다. 물 없이 존재할 수 있는 것은 아무것도 없다. 그러면서도 물은 공적이나 명성을 다투지 않는다.

둘째, 물은 낮은 곳으로, 낮은 곳으로 흘러간다. 인간은 이와 정반대로 높은 곳으로, 높은 곳으로 오르기를 원한다.

셋째, 물은 낮은 곳에 있기 때문에 위대해진다. 시냇물과 하천은 흘러서 강이 되고, 더욱더 흘러서 바다가 되어 위대한 존재가 된다.

물처럼 항상 자신을 낮은 곳에 두어야 모든 사람의 가르침이 흘러들어 오히려 배움이 커지고 덕망이 넓어지는 것이다.

범인의 지향점이 높은 곳이라면, 성인의 지향점은 낮은 곳이다. 범인의 인생은 마치 산을 오르는 것과 같고, 성인의 생은 마치 산골짜기에서 낮은 곳으로 흐르는 물과 같다. 산 위에 올라 이곳저곳으로 '야~호'를 외쳐대는 게 범인이라면, 낮은 곳으로 흘러흘러 있는 듯 없는 듯 세상의 모든 소리를 담을 수 있는 영혼이 곧 성인이다.

산꼭대기에 있는 범인은 잠깐의 청량감에 취하고, 세상을 소유한 듯 감격해 할는지는 몰라도 그곳은 결코 사람이 살 수가 없는 곳이다. 산 정상은 그야말로 잠시 머무르는 곳에 불과하다.

그런 사람 살지 못할 곳을 향해 서로 오르겠다고 모든 인생을 걸고 있는 것은 아닌지.

대중은 늘 거꾸로 가고 있다. 지금 내가 가는 길이 과연 옳은 길인지 되짚어 보아야 한다.

별 27

> 우리는 우리가 읽은 것으로 만들어진다.
>
> – 마틴 발저(독일문학가)

나에게 있어 가장 유용한 친구를 들라면 책이라 하겠다.

'살기 위해 먹는가, 먹기 위해 사는가.' 라는 말이 있지만, 아내는 나보고 마치 '삶을 위해 읽는 게 아니라, 읽기 위해 사는 사람' 같다고 한다.

나의 가장 소중한 이 친구는 내가 원하는 모든 것을 주면서도 바라는 게 없다. 오래도록 멀리했다 하여도 투정하거나 원망하지 않는다.

내가 많은 사회 친구를 사귀지 않는 이유도, 텔레비전을 없애도 심심하지 않은 이유도, 홀로 있어도 두렵지 않은 이유도, 담배 · 술을 먹지 않아도 취할 수 있는 이유도, 감각적 향락을 멀리할 수 있었던 이유도, 늙어 죽는 날까지 할 일이 무궁무진하게 남은 이유도 모두가 '책친구' 가 있기 때문이다.

나는 그가 만들었고, 나는 이제 그를 만들고 있다.

'먹는 것이 곧 그 사람'이라는 명언이 있다. 즉 먹는 것이 그 사람의 육신을 만든다는 얘기다. 음식이 육체를 만든다면, 독서는 정신을 만든다. 독서는 내가 생각하는 모든 것을 만들었다고 해도 과언이 아니다. 먹는 것만 취하고 독서를 하지 않으면 얼빠진 사람이 돼버리고 만다.

독서는 그 사람을 고귀하게도 하고 또 때론 천하게도 한다. 나쁜 음식을 먹으면 배탈이 나듯이 나쁜 책은 정신을 갉아먹는다.

우리는 덜 좋은 음식을 가려먹을 줄 아는 것처럼 독서도 가려서 할 줄 알아야 한다. 하지만 세상에는 악서惡書보다는 양서良書가 더 많다. 구더기 무서워 장 못 담그랴.

한 권의 책이 인생을 뒤바꿔 놓는 예는 무수히 많다. 책만큼 평생을 좌우할 강렬한 영향을 끼치는 게 또 있을까 싶다. 스승한테 배우는 것도 책을 통해서다. 그대의 스승도 책을 통해 배운 지식이었을 것이며, 그대 또한 책을 통해 후학에게 가르침을 줄 것이 아니겠는가.

이 세상에 가장 위대한 발명은 책이라는 생각이다. 더 근본적으로는 언어라는 도구가 있어야겠지만, 책이 없었다면 언어가 아무리 무성해도 오늘날 이토록 두루 파급되진 못했을 것이다.

읽어야 한다. 우리의 몸을 지탱하기 위하여 하루 세 끼 꼬박꼬박 챙겨 먹듯이, 우리의 정신을 밝히기 위하여 끼니처럼 읽어야 한다.

안중근의사가 좋아했던 글, 《추구집推句集》에는 이런 대목이 있다. '하

루라도 책을 읽지 않으면 입안에 가시가 돋는다.(一日不讀書, 口中生荊棘)'

읽지 않으면 음식을 굶고 있는 것처럼 여겨야 한다.

문득 이런 금언을 만들어 보았다.

음식은 그 사람의 몸을 만들고

독서는 그 사람의 생각을 만들고

조식은 그 사람의 영혼을 빛낸다.

우리는 흔히 '취미란'에 독서를 기재한다. 그러나 사실 독서는 취미가 아니다. 끼니를 먹는 게 취미가 아니듯이…….

독서는 생활이다. 내가 읽는 것이 곧 나인 까닭이다.

별 28

> 향수 가게에 들어갔다 나오면 아무것도 사지 않았더라도
> 몸에서 향수 냄새가 난다.
> 가죽 가게에 들어갔다 나오면 아무것도 사지 않았어도
> 나쁜 냄새가 몸에 밴다.

– 《탈무드》

향을 쌌던 종이에는 향내가 나고, 생선을 싼 종이는 비린내가 난다.

불가에서는 업業으로 설명한다. 인간이 이승을 다 마치고 육신의 몸을 벗는다 해도 살아온 궤적의 냄새는 다음 생까지 가져간다는 것이다.

선업善業을 해야 할 이유가 바로 여기에 있다. 이생에서의 악취가 다음 생으로 이어진다고 하니, 내가 짓고 있는 하나하나의 행위를 소홀히 할 수 없는 일이다. 향을 싸는 종이가 될 것인지, 생선을 싸는 종이가 될 것인지는 스스로 선택해야 할 일이다.

유대인의 지혜인 《탈무드》에서는 향수 가게와 가죽 가게의 비유를 들어 설명하였다. 맑은 친구를 사귀는 것은 향수 가게에 들르는 것과 같다.

맑은 스승, 맑은 책, 맑은 영화, 맑은 음악, 맑은 그림, 맑은 사람들을 만나는 것도 이와 같다.

우리는 주변을 향내 나는 곳으로 가꾸어야 한다. 우선은 나부터 향내 나는 사람이 되도록 노력해야 한다.

내가 생각하기에는, 향내 나는 인생이 되기 위해선 무엇보다 종교를 갖는 게 최고라고 본다. 성인의 말씀은 탁해진 영혼을 닦음에 으뜸이다.

무릇 좋은 종교란 오랜 기간 뭇사람들에게 좋은 영향을 끼쳤던 종교이다. 바른 종교가 영혼을 맑게 하는 만큼 영혼을 망치는 사이비 종교도 있음을 간과하지 말아야 한다.

인체의 중심이 척추이듯이 인생에도 기준이 되는 중심축이 있어야 한다. 우리는 향수 가게를 동경하지만, 실상 그곳이 향수 가게인지 가죽 가게인지 모르는 경우가 허다하다.

그런 고차원의 분별은 지혜가 있어야 가능한 일이기 때문이다. 인간의 저열한 분별력은 이해에 따라 편의적으로 판단하며, 달콤한 속삭임에 쉬이 빠지기 일쑤다. 바른 종교는 이를 바르게 해결해 줄 것이며 인생이 중심에서 일탈하지 않도록 삶의 축이 되어줄 것이다.

더불어 나쁜 친구를 경계해야 한다. 불경에 말처럼 본받을 만한 친구는 가까이 친해야 하지만, 이런 친구가 아닐 때에는 허물을 짓지 말고 무소의 뿔처럼 혼자 갈 일이다. 나쁜 친구는 가죽 가게에 들른 것처럼 역한 냄새를 배게 하기 때문이다.

'착한 사람과 함께 있는 것은 영지와 난초가 있는 방에 들어간 것과 같다. 오래 있다 보면 그 향기를 맡지 못하지만, 곧 그것과 더불어 동화되어 버린다.

착하지 못한 사람과 함께 있는 것은 마치 절인 어물가게에 들어간 것과 같다. 오래 있다 보면 그 악취를 맡지 못하지만, 역시 그것과 더불어 동화되어 버리게 된다.'

《명심보감》의 〈交友〉 편에 나오는 주옥같은 글귀이다.

몸에 향수를 바르고 화장을 한다 해서 마음마저 향내가 나는 것은 아니다. 좋은 마음과 미소 띤 얼굴과 바른 행실이 그 사람을 향기롭게 한다.

스스로 자신의 마음 밭에 꽃씨를 뿌려 선행으로 가꾸면 향내를 발한다. 내가 향기로우면 굳이 향기를 찾아 나서지 않더라도 꿀벌과 나비가 날아들 것이고, 내 뜨락엔 향내가 그윽할 것이다.

별 29

> 듣지 못하는 것은 듣는 것보다 못하고
> 듣는 것은 보는 것보다 못하고
> 보는 것은 아는 것보다 못하고
> 아는 것은 행동하는 것보다 못하다.
>
> – 순자荀子

'백문이 불여일견' 이라 했다. 백 번 듣는 것보다 한번 보는 게 더 낫다. 널리 알려진 이 말을 실제 경험해 보면 참으로 옳은 말이라는 걸 실감한다.

그래서 여행의 중요성이 있다. 세상을 책 속에서 그림으로, 문자로 인식하는 게 아니라, 직접 피부로 체득하게 되니 받아들여지는 게 비교가 되지 못한다. 오죽하면 집에 있는 빠꼼이보다 돌아다니는 바보가 더 낫다고 할까.

직장에서도 이 말은 적절히 쓰인다. 책상에서 골백번 회의하는 것보다 현장에 한번 가보는 게 훨씬 낫다. 탁상행정이니 탁상공론이니 하는

말들은 탁자에서 현란한 논의보다는 현장 속에서 실제로 한 번 보는 것이 더 중요하다는 뜻이다.

아는 만큼 보인다는 말도 있다. 알지 못하면 보지 못한다. 산삼을 모르는 사람은 산삼을 앞에 두고도 귀한 것인 줄 모른다. 보석의 진정한 가치는 아는 사람만이 안다. 제아무리 훌륭한 문화재도, 제아무리 훌륭한 예술 작품도 무지하면 아무짝에도 쓸모없는 게 돼버리고 만다.

세상사에도 그렇다. 알지 못하면 자기에게 다가온 일생일대의 귀인을 홀대하여 단 한 번의 기회를 놓치고 만다.

'생각하는 것은 물 위에 글을 쓰는 것이고, 행동하는 것은 돌 위에 새기는 것이다.' 라고 한다. 행동이 모든 것에 우위에 있다. 많이 듣고, 많이 보고, 많이 알고, 많이 생각하는 것. 이보다 더 우위에 있는 것이 행동이다.

행동 없는 지식과 사유는 생명이 없고 공허하기 짝이 없다. 식견이 뿌리와 줄기라면 행동은 꽃봉오리다. 행行으로 피어났을 때 비로소 그의 고결한 생각을 알 것이며, 높은 식견이 의미가 있다.

인생을 만들어 가는 것은 머리도 아니고, 입도 아니다. 인생의 귀결점은 손과 발이다. 행行인 것이다.

예수가 그리스도인 것은, 석가가 부처인 것은, 간디가 마하트마인 것은, 마틴 루터 킹이 킹 목사인 것은…….

행 있는 위대함은 있어도 행 없는 위대함은 없다. 행으로 위대함도 있고, 천박함도 있다.

3
꿈

꿈을 이루지 못하게 만드는 것은

오직 하나, 실패할지도 모른다는 두려움일세.

- 파울로 코엘료 《연금술사》에서

별 30

> 약무원려 필유근우若無遠慮 必有近憂
> 만약 먼 데 생각이 없으면, 반드시 가까운 근심이 있다.
>
> – 제갈공명

운전을 배울 때 초보자는 대개 가까운 곳을 응시한다. 몇 사람한테 운전을 지도해 준 적이 있는데 하나같이 똑같았다. 그러다 보니 차가 도로 중앙에 걸쳐 있어야 하는데 한쪽으로 쏠려서 주행하기 마련이고 작은 돌발 상황에도 전전긍긍한다.

내가 초보운전자에게 첫 번째로 해주는 충고는 '먼 데를 응시하라.'는 말이다. 시선을 먼 곳으로 두면 둘수록 자신의 위치를 객관적으로 조망할 수 있다. 이는 마치 숲을 보고자 할 때 먼발치에서 보아야 숲 전체를 조망할 수 있는 것과 같다.

'인무원려 필유근우人無遠慮 必有近憂'

사람이란 멀리 내다볼 줄 모르면 반드시 가까운 근심이 닥쳐온다. 공자도 일찍이 이렇게 말한 바 있다.

삶도 운전과 같다. 응시 점을 먼 곳에 두어야 한다. 그래야 중심을 잡을 수 있고 잔 생각에 흔들리지 않는다. 먼 곳이라 함은 큰 꿈, 소망, 발원 등을 말할 게다.

사람의 일상은 매일같이 자잘한 번뇌에 부딪히게 되어 있다. 번뇌 속에서 허우적대다보면 몸도 마음도 한없이 지쳐버린다. 매일 술을 먹고 담배를 피며 조금은 번뇌를 털어버린 듯 생각되지만 번뇌는 언제나 그 자리에서 머물러 있다. 그러니 날마다 달마다 찾아오는 번뇌에 끄달리지 않으려면 생각이 언제나 먼 곳에 있어야 한다.

작은 근심을 물리치는 것은 큰 생각이다. 시선을 항시 먼 목표점에 향해 두어야 한다. 큰 생각은 호랑이의 눈빛과 같아 잔 생각이 그 자리에 무서워서 범접하지 못한다.

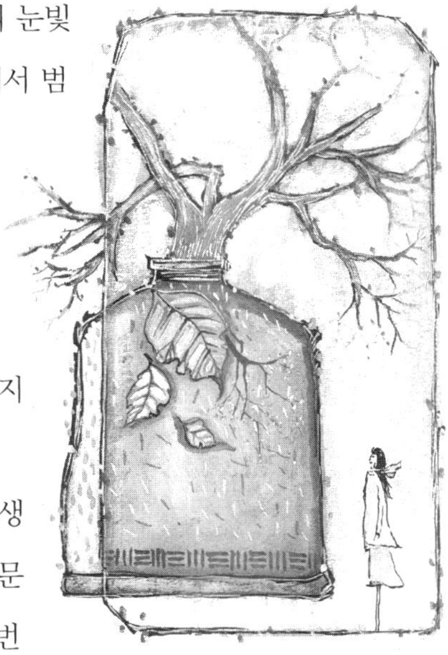

큰마음이 있는 사람에겐 작은 근심 따위가 붙지 못한다. 이는 마치 용광로를 가슴에 지니고 있는 것과도 같다. 제아무리 눈보라가 쳐도 꺼지지 않을 뜨거운 정열.

큰마음이 있는 사람에겐 가난한 생활도, 남루한 옷도, 싸구려 끼니도 문제가 되지 않는다. 일상의 자잘한 번뇌들이 뜨거운 화로에 눈발이 녹듯 큰마음에 사그라져 버리는 것이다.

나는 여러 명언 중에 이 말이 참 좋다. 붓글씨를 잘 쓰게 되면 꼭 액자에 넣어 잘 보이는 곳에 걸어두고 싶은 글이다. 내 아이들에게 이 말만큼은 꼭 전해주고픈 말이다. 얼마나 멋진 말인가.

나는 가까운 근심이 생길라치면 평소 꿈꾸던 먼 생각으로 먼지 털듯 털어버리곤 한다. 이 글은 빈곤도 견뎌낼 수 있는 용기를 불어넣어 준다. 외로움도 털어버리는 힘을 준다. 시류에 일희일비하면서 소인배로 살지 않게 하는 희망을 주는 말이다.

모든 말에는 힘이 들어 있다. 그러나 이 말처럼 남루한 나에게 격려와 용기를 주는 말은 그리 흔치 않은 것 같다.

별 31

불광불급不狂不及

미치지 않으면 도달하지 못한다.

— 사자성어

돋보기로 불을 지피려면 초점을 한 점으로 모아야만 한다. 그 초점이 예리하면 할수록 불은 더 빨리 붙게 된다. 이처럼 삶을 한곳으로 응집시켜야만 비로소 무언가를 태울 수 있다.

불광불급不狂不及. 미치지 않으면 도달하지 못하는 법이다. 몰입하지 않으면 흩어지고, 흩어지면 이룰 수 없다. 노력만 해서는 부족하다. 미쳤다는 소리를 들을 정도로 몰입되어 있어야 꿈꾸는 그곳에 도달할 수 있다.

석가는 뼈를 깎는 6년 설산 고행을 통해 깨달음을 얻을 수 있었고, 예수는 광야에서 40일간 금식 고행과 악마의 시험을 이긴 후 비로소 성령을 얻었다.

불멸의 위인들은 모두 광인狂人이라 해도 지나친 말이 아니다. 미치지 않고서야 어찌 도달하기를 바라겠는가. 성인, 위인이 아닌 범인일지라도 세상에 한 획을 그었던 사람들은 모두 자기 분야에 광인이었다. 그러니 어찌 광인이 아니고서 위인이 되길 바라는가. 용광로 같은 용맹정진의 마음이 없고서야 어떤 성취도 이룰 수 없다.

나는 '불광불급不狂不及' 보다 더 강한 표현으로 '필광필급必狂必及' 으로 바꾸어 벽에 적어 놓았다. 오가며 그 말을 곱씹으며 방일한 나를 채찍질한다.

'필광필급必狂必及 - 미쳐있으면 필히 도달할 수 있다.'

아!

나는 오늘도 미치고 싶다.

별 32

천천히 가는 것을 겁내지 마라.
다만, 멈춰 서는 것만을 걱정하라.

– 중국 속담

일주일 분의 끼니를 한꺼번에 먹을 수는 없다. 일주일 치의 대소변을 한꺼번에 다 치를 수는 없다. 일주일 치의 잠을 한 번에 다 잘 수는 없다. 일주일 분의 약을 한꺼번에 먹으면 위험할 것이다. 한꺼번에 다 할 순 없다.

일주일 치의 신앙생활을 하루 만에 한들 일주일 치의 효과가 있는 것은 아니다. 일주일에 걸쳐 해야 할 공부를 하루 만에 한다 해서 학습 결과가 같을 수는 없다. 일주일 치의 일을 하루에 다 할 수 없고, 일주일 치의 만남을 하루에 다 할 수는 없다. 한꺼번에 다 할 순 없다.

돈벼락을 맞지 않는 한 한꺼번에 재물을 모을 수도 없다. 콩나물에 일주일 치의 물을 주어봐라. 모두 소용없는 일이다. 그럼에도…….

우리는 서두르는 데 이골이 났다. 늘 바쁘다. 아귀처럼 한꺼번에 배가 터지도록 먹어대고 싶어 한다. 그러니 금세 진력이 나지 않을 수가 없다.

속도의 쾌감에 빠진 사람은 느린 것이 죄악이다. '빨리빨리' 조급증은 그들의 생명까지도 빨리빨리 단축할 게 뻔한데도 말이다.

우보천리牛步千里라 했다. 느려터진 소걸음으로도 천 리를 간다는 뜻이다. 매일 10분씩이라도 정진할 수 있는 무언가가 반드시 있어야 한다. 목표에 이르려면 매일 조금씩 생활 속에 녹아 있어야 한다.

사실인즉 우리가 걱정해야 할 것은 속도가 아니라 포기하는 것이다. '어떻게 하면 빨리 갈까.' 라는 생각보다 '어떻게 하면 끝까지 갈 수 있을까.' 를 먼저 염두에 두어야 한다.

가다가 중단하면 아니 간만 못하다는 속담이 있다. 요새는 이 말을 바꾸어 가다가 중단해도 간만큼 이익이라고 한다. 나는 이런 말이 현대인의 조급증에서 나온 말처럼 느껴진다. 무언가 하지 않으면 참지 못하는 강박증이라고 생각되는 것이다.

나는 언젠가 마라톤을 한 적이 있다. 몇 번의 경험이 있던 터라 그날은 기록에 욕심이 났었다. 처음부터 내리 달렸다. 오버페이스를 한 것이다. 결국, 나는 완주를 하지 못하고 비상구급차에 실리는 해프닝을 겪어야 했다. 그 뒤 두 번 다시 마라톤을 하지 못하고 있다.

말은 사막을 횡단할 수 없지만, 낙타는 사막을 횡단할 수 있다. 사막의 낙타는 단지 천천히 가기 때문에 가능하다고 한다. 속도가 능사가 아니라는 말이다.

리처드 바크의 '높이 나는 새가 멀리 본다.' 라는 말을 뒤집으면 '멀리 보는 새는 높이 나는 새' 다. 즉 시선을 멀리 둘 일이다.

시선을 먼 데 두고 가는 사람은 중심이 흔들리지 않는다. 가다가 중단하는 대부분 사람은 삶의 시선이 너무 가깝기에 흔들림의 연속이다. 주변의 작은 이해관계에 이리저리 갈대처럼 휘둘리기 쉽다.

미시적 관점보다는 거시적 관점을 갖도록 하자. 단견을 버리자. 먼데 시선을 두고 한 걸음씩 나아간다면 그대가 꿈꾸는 결실을 이루게 될 것이다.

별 33

> Because, it is there.
> 왜냐하면 그것이 거기에 있기 때문이다.

내가 좋아하는 몇 안 되는 영어 금언 중 하나이다.

나는 오랫동안 한 가지 목표를 꿈꾸며 공부할 때 이 말을 새기며 살았다. '왜 이런 고달프고 힘겨운 공부를 꼭 해야 하는가?' 란 물음에 아주 적절하게 표현해주는 말이 이 말이었다.

'비코스 잇 이스 데어- 왜냐하면 내가 꿈꾸는 그것이 거기에 있기 때문이야.' '그것' 이란 낱말이 주는 모호성 때문에 더욱 가 보고 싶었던 그곳. 달리 무슨 수사가 필요하겠는가.

인생의 목표를 너무 장황하게 펼쳐 보일 필요는 없다. 딱 한마디로 나의 상황을 대변해 줄 수 있는 말이 때론 나를 이끈다. 그 한마디는 자의식을 초점처럼 한곳으로 강렬하게 응집하도록 할 것이다. 이것이 말이 갖는 힘이다. 요란한 수사보다는 단순 담백하고 옹골찬 한마디면 된다.

말이 장황하면 목표를 향하는 내 의식도 흐릿해지고 마는 것이다.

'이런저런 이유로 난 꼭 꿈을 이룰 거야.' 목표에 도달해야 할 10가지 이유 등을 적어가면서 매우 세밀하게 자신의 이상을 드러낼 필요도 있을 수 있겠다. 하지만 자신이 만든 어설픈 이유가 늘 가변되는 환경에 정체성을 잃어버리는 경우도 있다. 또는 다른 이유로 처음 마음먹었던 정밀한 목표의식이 휘둘릴 수 있다. 어쩌면 말로 쏟아내는 것은 말로 자신을 속박함이요 번뇌 망상이다.

참선에서 화두가 그렇다. 그저 화두 하나와 일념 정진만 있으면 된다. 도를 이루어 도인이 되겠다는 둥, 신통 술을 부리겠다는 둥……. 이런 탐심과 이러저러한 복잡한 생각이 곧 번뇌다.

그저 화두 하나를 깨뜨리겠다는 일념으로 전력을 다하면 그만이다. 화두를 깨뜨린 그 자리가 어떤 느낌이고 어떤 결과물이 있을지 세밀히 알 수도 없거니와 알 필요도 없다.

단지 무언가 형언치 못할 것이 분명히 있을 것이라는 믿음. 그렇다. 믿음만 있으면 될 일이다. 말로 규정하기 시작하면 논리에 매이게 되기 때문이다.

우리는 모두 무언가를 꿈꾼다.

'왜?

대답은 오직 하나면 족하다.

'왜냐하면, 그것이 거기에 있기 때문이다.

별 34

인디언의 기우제는 실패가 없다.
왜냐하면, 그들은 비가 올 때까지 기우제를 지내니까 말이다.

인디언의 기우제祈雨祭는 실패가 없다고 한다. 왜냐하면, 그들은 비가 올 때까지 기우제를 지내기 때문이다.

그렇다. 마지막에 성공한 사람에게는 실패도 성공의 일부이다. 그러나 마지막에 실패한 사람에겐 실패가 단지 실패일 뿐이다.

성공한 사람에겐 과거가 비참할수록 빛이 나고, 실패한 사람에겐 과거가 화려할수록 비참하다. 인디언의 기우제 방식은 빛나는 성공법이다.

《열자列子》 '탕문편湯問篇' 에 우공이산愚公移山이란 말이 있다. 90세 된 노인이 태형산太形山과 왕옥산王屋山이 가로막혀 돌아서 다녀야 하는 불편을 없애려고 식구들과 함께 산을 없애기로 했다.

노인이 그 일을 실행하자 남들이 모두 비웃었지만, 그는 끝까지 굴하지 않고 일을 계속했다. 그러자 옥황상제가 그 정성에 감동하여 두 산을 다른 곳으로 옮겨 주었다는 고사이다.

'우리가 겪는 대부분의 실패는 우리의 능력 부족이라기보다는 지속성의 부족 때문이다.' 아인슈타인의 이 말처럼 남이 보기엔 어리석은 일처럼 보이지만 쉬지 않고 꾸준하게 한 가지 일에 열중하면 마침내 큰일을 이룰 수 있음을 우 노인이 보여주고 있다.

우리의 기우제는 어떤가. 단 한 번의 기우제로 당장 내일 비가 오기를 바라지는 않았던가. 기다림 없이 빠른 결과를 바라다보니 초조할 수밖에 없다. 그러니 원망의 마음이 생긴다. 안 되는 것을 나의 문제로 보기보다는 남의 탓으로 돌려버린다. 하늘 탓, 신神의 탓, 운명 탓…….

산에서 흐르는 유약한 물이 바위를 뚫는다 했다.

기다림의 미학을 보여준 인디언의 지혜를 타산지석으로 삼고 싶다

별 35

> 나는 많은 시간을 할애해서 공을 찹니다.
> 공을 차고 있지 않을 때면 축구 이야기를 하고 있지요.
> 그리고 축구 이야기를 하고 있지 않을 때는 축구 생각을 하고 있습니다.
>
> – 헝가리 출신의 유명 축구 선수로부터

관심사가 곧 그 사람이다. 사람의 관심은 그 사람을 만들게 된다. 행복이란 진정 하고픈 일에 취해 있을 때가 아닐까 싶다. 성취한 사람들의 과정을 보면 하나같이 모든 에너지를 한곳에 집결하여 쏟아 부었다는 점이다. 성공은 그 사람의 열정을 먹고 자라는 나무 같다.

유럽 최우수선수로 선발된 한 축구선수가 우승소감을 묻는 기자에게 말했다는 이 말은 삶을 대하는 방식에 대해 생각하게 된다.

그는 축구와 선수와 삶을 구분하지 못할 만큼 모든 게 하나가 되어 있다.

객체와 주체의 구별됨이 없는 상태를 혼연일체라 하던가. 모든 일엔

일과 사람이 하나가 되지 않는 한 성취할 수 없다. 요행수란 없는 법이다. 어떤 일을 하든지 말이다.

누구나 쉽게 무엇이든 꿈꿀 수는 있지만 아무나 도달할 수는 없는 게 인생이다.

꼭 축구가 아니라 어떤 것이어도 마찬가지이다. 문학이어도 좋다, 음악, 미술, 과학이어도 좋다. 요는 관심사에 모든 역량을 걸어야 한다. 밥 먹을 때나 잠잘 때나 사사로운 시간에도 관심사를 잊어선 안된다. 최소한 생각만이라도 놓지 말아야 한다.

인생을 이끌고 가야지 인생에 끌려가선 안 된다. 끊임없이 나를 담금질할 때 비로소 내 인생에 주연이 될 수 있다. 그래야 성취할 수 있는 것이다.

진부한 말이지만, 세상은 마음먹기에 달렸다.

불가에서는 한 사람의 발심發心에 온 우주 공간이 진동한다고 한다. 삶에 우연이란 있을 수 없다. 내 마음이 강렬하면 할수록 우주의 정령精靈들이 더 많이 도울 길을 찾는다.

"사람이 어느 한 가지 일을 소망할 때, 천지간의 모든 것들은 우리가 꿈을 이룰 수 있도록 뜻을 모은다네."

유명한 소설 《연금술사》의 한 대목이다. 나는 가끔 불가능할 것만 같은 일에도 계속 그 일에 몰입하고 온 정성을 기울이다 보면 어느 순간 예기치 못하게 아주 수월하게 풀리는 경우를 접하곤 한다. 나는 그런 이유가 정령들의 도움이라고밖에 생각되지 않는다.

때때로 시련이 닥칠 수도 있다. 신神들의 시험이라 생각하자. '시련은 있어도 실패는 없다.' 고 한 어느 성공한 기업인의 말처럼 불굴의 마음이었을 때 주위의 신神마저 감동하는 것이다.

불광불급不狂不及,
미치지 않으면 도달할 수 없다.
그 어떤 일을 하든.

별 36

> 그대의 목적지가 만약 서울이라면, 서울을 어떻게 갈 것인가를 배우는 것도 좋다. 그러나 지금 직접 서울로 가고 있는 게 더 낫다.
>
> – 자작自作

너무 이론에 매몰되어선 안 된다. 서울이 목적지라면 약간의 경로 지식을 익힌 후 배낭을 메고 서울로 향하는 게 중요하다. 서울을 가는데 무슨 복잡한 이론들이 난무하고 배움이 길어야 하는지 모르겠다.

이론에 빠져 있으면 자신이 어디에 있는지 방향성을 잃고 만다.

연구자들은 새로운 이론을 끊임없이 발표한다. 이런 무수한 이론을 섭렵하는 데 힘을 쓰기보다는, 부족하지만 실제로 한 번 해보는 것이 훨씬 더 낫다.

예를 들어, 소설가를 꿈꾸는 사람이 국문학과를 들어가서 각종 문법과 고전, 현대의 글쓰기 작법을 다 섭렵하여 배워 익히는 것도 하나의 방법일 수 있다. 더 나아가 석사, 박사 학위까지 받아 이론이 완벽한 소설

을 쓰면 참 좋은 일일 것이다. 하지만 그 많은 이론을 다 배우기에는 인간의 한계와 짧은 세월이 한스러울 뿐이다.

이론보다 더 중요한 것은 매일매일 습작을 하고 필사筆寫를 하는 게 훨씬 효과적이다. 유명 작가인 신경숙 소설가는 습작 시절에 닮고 싶은 장편소설을 막고 품는다는 식으로 필사적 필사했다고 한다. 어설퍼도 직접 작품을 쓰고 좋은 작품을 골라 직접 옮겨 적다 보면 실제로 써먹을 수 있는 알짜를 체득하게 된다.

어디 문학뿐이랴. 미술은 어떻고 음악은 어떤가. 무엇보다 중요한 건 실제로 해보는 것이다. 구구절절 이론으로 무장하여 자신의 작품을 완벽하게 꾸미는 것도 중요하지만 실제로 몸으로 부딪혀 보는 것이 더 빠른 길이다.

우리는 '이론 따로, 실제 따로' 라는 이상한 논리에 빠져 있어 함정에 빠지기 쉽다. 그러다 보니 정작 문학박사가 글을 제대로 못 쓰고, 정치학박사가 현실 정치에 실패하고, 경영학박사가 잘못된 경영으로 곤경에 처하곤 한다.

왜 그런가. 이론만 있고 실제가 없기 때문이다. 실사구시實事求是 해야 한다. 실제에 입각한 이론이 의미가 있지 실제와 동떨어진 이론은 별무

가관이다.

나는 뒤늦게 이런 사실을 깨닫게 되었다.

종교생활에서도 현란한 이론에 빠진 사람들이 있다. 그들에겐 수행은 없고 오로지 이론만 무성하다. 이론상으로는 벌써 깨달은 사람 못지않다. 하지만 실제 수행이 없는 이론은 공허하기 짝이 없다. 신학 이론을 몰라도 매일매일 기도하는 삶이 더 신앙적인 삶이다.

축구선수가 축구를 잘해야지 축구이론에 박사가 될 필요는 없다. 운전기사가 운전을 잘하면 그뿐이다. 차의 원리를 세세히 안다면 운전보다는 정비사나 연구직이 더 어울린다. 실제에 입각한 이론을 갖추어야지 이론을 위한 실제는 곤란하다. 주변에 보면 그런 예들이 비일비재하다.

'가장 중요한 것은 연구가 아니라 실천이다.' 《탈무드》에도 이론보다 실행을 강조하고 있다.

내가 살면서 터득한 귀중한 법칙은,

가는 목적지가 어디인가 분명히 알고, 그 목적지를 향해 몸으로 직접 체득하는 것이 더 바람직한 공부법이다.

별 37

> 새는 알을 까고 나온다. 알은 세계다. 태어나려고 하는 자는 하나의 세계를 파괴하지 않으면 안 된다. 그 새는 아프락사스로 향한다.
>
> – 헤르만 헤세 《데미안》

독일의 저명한 작가 헤르만 헤세의 《데미안》에 나오는 널리 알려진 글이다. 평생 간직해야 할 멋진 말이라 생각한다.

우리는 견고한 관념의 틀 속에 갇혀 있다. 우리의 일상은 새장 속의 새와 같다. 감옥인 셈이다. 타성의 감옥, 관념의 감옥, 이념의 감옥, 사상의 감옥, 세월의 감옥, 집착의 감옥……. 이 틀에서 벗어나야 한다.

우리는 새다. 견고한 알의 껍데기를 깨고 나와야만 하는 새다. 그래야 태어날 수 있고 거듭날 수 있다. 기존의 고루한 생각과 타성을 깨지 못하면 부화하지 못한 알처럼 곪아버리고 말 것이다.

젊은 날, 너무나도 감명 깊게 다가온 힘 있는 명언이다. 이 한마디가 내 삶을 끊임없이 변화시키고 깨어 있게 하였다. 현재에 안주하려는 마음에 채찍질을 가하는 말이었다. 안전한 삶과 안정적 삶에 안주하려 할 때마다 헤세의 말은 거듭나라고 으름장을 놓곤 하였다.

'새는 아프락사스神를 향해 날아간다.' 이 마지막 대목은 유약한 인간의 본질을 꿰뚫는 말이라는 생각이다. 궁극적으로 인간은 진리를 향할 때만이 당위를 확보할 수 있다는 헤세의 심오한 성찰의 말이다.

인간은 애초부터 완성된 존재가 아니다. 신과의 끊임없는 교감을 통해 비로소 완성된 존재가 된다. 미상불 인간은 불완전한 존재다. 따라서 인간이 만든 모든 것은 결함이 존재한다고 해도 과언이 아니다.

완벽한 인간의 창작물을 본 적이 있는가? 결함투성이의 존재가 무결점 작품을 만들 수는 없는 법이다. 이는 인간의 영역이 아니라 신의 영역이다.

인간은 필연적으로 신을 향해 나아가야 한다. 신을 향할 때만이 불완전한 존재에서 완전한 존재에 가까워져 가기 때문이다. 신이라 함은 조물주라고 하는 절대자를 지칭할 수도 있고, 진정한 자아를 지칭하는 것일 수도 있다.

잊지 마라.
"진정 태어나려고 하는 자는
또 하나의 세계를 파괴해야 한다."

별 38

대부분 사람은 항상 무엇인가를 하고 있다. 산책을 한다거나 독서, 글쓰기, 생각 등을 한다. 다만, 그들과 나와의 차이가 있다면 그들은 많은 일을 하고 나는 한 가지 일만 한다는 것이다.

– 에디슨

몰입과 성취에 대한 명언이다.

'초점을 맞추기 전까지 햇빛은 아무것도 태우지 못한다.' 전화기를 발명했던 벨의 말도 이와 다르지 않다.

우리는 많은 일을 한꺼번에 처리하고 있다. 그래서 결국 우리는 한 가지도 제대로 해내지 못하는 우를 범하고 있다.

발명왕 에디슨은 한 가지에 전념해야 성취할 수 있다고 단언한다. 여러 일을 하는 것이 어려울 것 같지만, 실상 한 가지 일을 하기가 더 어렵다. 왜냐하면, 한 가지 일은 금세 진력나기 때문이다. 싫증 내지 않고 목표치에 도달할 때까지 고도의 집중력과 반복이 필요하다.

에디슨은 한 가지 실험을 2만 번 넘게 실험한 때도 있었다. 평범한 사

람은 감히 상상도 못할 인내력이다.

공부도 그렇다. 나에게 공부가 무어냐고 물어본다면 '반복'이라고 말한다. 공부의 정의를 여러 말로 얘기할 수 있겠지만, 무엇보다 반복이라는 생각이다. 대부분 공부를 잘하는 사람은 잘된 기본서를 택하여 그것을 반복적으로 학습한다. 이것은 내가 뒤늦게 공부의 속성을 터득한 매우 중요한 얘기이다.

사실 공부했던 것을 다시 반복한다는 것은 상당히 진력나는 일이다. 같은 반찬도 매끼 먹으면 물리게 되는 것처럼 책도 마찬가지다. 그러나 공부의 속성이 원래 그러하다고 보면 받아들여야 한다.

날마다 이 책 저 책 다양한 교재로 폭넓게 공부하면 학습 분량은 많을지 몰라도 진짜공부는 되지 않는다. 기본서가 걸레처럼 너덜너덜할 때까지 반복 학습해야 한다. 기본서는 한 권이면 족하다. 때때로 반찬 삼아 다른 책을 볼지라도 자신이 택한 기본서에 보완하는 정도여야 한다.

'무릇 독서(공부)는 반드시 한 책을 여러 번 읽어 내용을 완전히 알아 통달하여 의심이 없게 된 연후에 다른 책으로 바꾸어 읽어야 한다. 많이 읽기를 탐하고 얻기를 힘써 이 책 저 책 서둘러서는 아니 된다.'

조선 시대 대학자 율곡이 《격몽요결》에서 반복의 중요성을 밝힌 바 있다.

사찰에서는 절을 하는데 백팔배, 천 배, 삼천 배, 만 배를 한다. 똑같은 반복된 행위를 108번 하다 보면, '왜 이렇게 미련하게 기계처럼 반복해야 하는가?' 의문이 들 때가 많다. 그러나 컴퓨터 파일은 압축이 있을는지 몰라도 수행은 압축이 없다. 아니 있어서도 안 된다.

절을 하는 것이 공부에 상당히 도움이 된다고 한다. 똑같은 행위를 반복하게 함으로써 자연스레 '반복함' 을 익히기 때문이다. 공부와 절은 매우 유사한 속성을 가졌다.

'미련한 반복' 이 곧 공부요 수행이다. 기도도 그렇다. 염불도, 주력도, 사경도 그렇다. 매일매일 '반복함' 이 깔렸다. 이런 반복적 수행이 신앙의 힘을 자라게 한다.

두 마리 토끼를 쫓다가 한 마리도 못 잡는다.

뛰어난 위인들은 여러 개를 한꺼번에 처리하여 많은 성과를 이룬 게 아니다. 하나, 하나씩 고도의 몰입으로 성취하여 위대한 성과를 이루었던 것이다.

별 39

> 한 사람의 작품을 훔친다면 그것은 표절이다.
> 하지만 여러 사람의 작품을 훔친다면 그것은 연구가 된다.
>
> – 윌슨 미즈너(미국 희곡작가)

어떤 영화감독이 작품을 위해 유명한 한 편의 영화를 백 번 이상 보았다고 한다. 그런가 하면 작가가 된 사람 중에도 더러는 한 권의 책을 수백 번까지 정독한 사례가 많다. 뿐이랴. 더 나아가 좋은 작품을 필사筆寫하는 것은 작가가 되는 기본과정이다.

그래서 나는 이런 금언을 만들어 보았다.

'한 작품을 한 번 감상한다면 그것은 오락이다. 하지만 한 작품을 백 번 감상한다면 그것은 연구가 된다.'

윌슨 미즈너의 말을 곧이곧대로 받아들여 내 살과 피가 되게 하는 것도 좋다. 그러나 이 말을 통해 또 다른 창작 말을 유추해낼 수 있는 것. 이런 게 곧 창작이고, 연구이다.

연구나 창작이 마치 지금까지와 전혀 다른 새로운 것을 만들어 내는 것 같지만, 기존 이론에 자기의 생각을 덧붙일 뿐이다.

중요한 것은 자기의 생각이다. 대학에서의 논문도 모두 이런 구조로 되어 있음을 간파하여야 한다. 연구하려는 주제에 수많은 관련 학자들의 견해를 펼쳐 보인 다음, 자신의 생각이 이렇다는 결론을 맺는 것. 연구의 꽃은 논문이고, 논문은 자기의 생각을 덧붙이는 것이다. 이런 자신의 생각에 많은 사람이 공감하면 좋은 논문이 되고, 그렇지 않으면 좋지 않은 논문이 될 것이다.

무에서 유를 창조하는 게 아니다. 이는 신의 영역이지 인간의 영역이 아니다. 따지고 보면 세상의 문자로 된 작품은 모두다 표절이다. 왜냐면 누군가 만들어 놓은 언어와 낱말로 조합해서 글을 쓰기 때문이다. 그러나 우리는 작가를 표절자라고 하지 않는다. 왜냐면, 자신의 생각이 담겨있기 때문이다. '제록스 카피' 가 아닌 것이다. 복제에는 자신의 생각이 담겨있지 않고 남의 생각을 기계적으로 카피할 따름이다.

무슨 일을 하든 자신의 생각이 들어 있는가, 들어 있지 않은가의 차이는 큰 결과를 가져온다.

"단 한 사람을 사랑하면 연인이 되지만, 모든 사람을 사랑하면 성인이 된다."

어설프지만 이런 창작 금언을 낼 수 있는 것도 수많은 명언을 접했기에 가능한 일이다.

그대는 연구자가 될 것인가. 표절자가 될 것인가.

별 40

> 호승자 필유적好勝者 必有敵
> 이기기를 좋아하는 자는 반드시 적이 있다.

— 《명심보감》

어느 스님이 하는 말이, 자신은 학창시절에 공부를 늘 1등 하였는데 지금 생각해보니 참 잘못한 일이었다고 후회를 하였다.

왜냐고 하니까 1등을 한 자신을 2등, 3등 한 친구들이 얼마나 미워했겠느냐는 생각 때문이란다. 다시 그 시절로 돌아간다면 결코 1등은 하지 않겠다고 하면서 말이다.

우리 사회가 경쟁 사회다 보니 이기는 것이 미덕이고, 지는 것은 곧 절망이라는 기조가 뿌리 깊게 퍼져 있다.

우리나라를 대표하던 어느 기업 광고에서는 '1등만 기억한다. 2등, 3등은 아무도 기억해주지 않는다.' 라며 일류회사만이 삼아 남는 길이라고 대놓고 1등 지상주의를 광고한다.

그런데 따지고 보면 1등은 2등이 있기에 존재하는 것이다. 2등이 없다면 1등이 무슨 의미가 있단 말인가.

순위를 매기는 것이 경쟁사회의 장점이면서도 가장 큰 맹점이다. 민주주의는 선거에서 지면 곧 끝이다. 선거는 1등만 살아남는 구조이다. 학교에서, 직장에서, 정치에서, 사회 곳곳에서 1등 만능주의는 사람들을 삭막하게 한다.

우리나라에서 특히 더 그렇다. 스포츠에서 은메달을 따고도 슬퍼 우는 민족은 우리밖에 없다. 오로지 1등만이 최고인 모순된 사회에 길들여 있기 때문이다. 그러니 스포츠가 오락이 아니고 전투일 수밖에 없다. 전투에서 패배한 사람이 승자를 향해 웃어 보이기란 여간해선 보기 어려운 장면이다.

순위를 매겨야만 하는 사회가 모순이라는 생각이다. 인간은 누구나 다르다. 차이를 인정해야 한다. 규격화된 틀을 만들어 놓고 그 속에서 순위를 매기는 것은 저마다 다른 인간의 차이를 인정하지 않는 태도다.

천재의 대명사인 아인슈타인은 어려서 학교에서 늘 낙제점에 가까운 점수만 받았다. 판에 박은 듯한 학교생활에 적응할 수가 없었던 것이다.

오죽하면 초등학교 1학년 때 담임선생이 '절대로 이 아이는 장래에 성공하지 못할 것입니다.' 라고 생활기록부에 기록했다고 한다.

'준마는 하루에 천 리를 달릴 수는 있으나 쥐를 잡는 데는 고양이나 족제비만 못하다.'

《장자》에 나온 말이다. 사람은 누구나 하나의 달란트를 지니고 태어난다는 생각이다. 그러나 이 사회에서는 각자의 타고난 재능을 일률적으로 재단하고 평가하여 판단해버리고 만다. 다른 대안이 없다는 이유 하나만으로 규격화된 점수로 처진 사람들을 '낙오자' 로 낙인찍어 버리는 것이다.

더욱이 사회의 지도층인 사람들은 이런 정형화된 틀에서 엘리트 코스로 성장한 사람들이다. 그들은 기득권을 유지하기 위해 1등 만능주의적인 시스템을 더욱 공고하게 할 게 뻔하다. 이래서 한 번 형성된 견고한 틀은 변화를 기대하기가 쉽지 않다.

아무리 봐도 모순의 사회다. 요즈음 '대안' 이란 말을 여기저기에서 참 많이 사용하는데 그만큼 이 사회가 모순이라는 반증

일 터이다.

이기기를 좋아하는 사람은 적이 많다. 군자는 이기고 지는 것에 연연하지 말 일이다. 되도록 이기고 지는 승부의 세계에 있지 않은 것이 좋겠다. 좋아서 하는 경기에 과정이 좋으면 되지 꼭 결과만을 가지고 웃고 우는 것은 좋지 않다고 본다.

'과정이 좋으면 결과도 좋다.' 라고 하지만 현실은 꼭 그렇지만은 않다. 과정이 좋지 않고 결과가 좋은 예는 너무 많다. 반대로 과정이 좋은데 결과가 나쁜 예도 참 많다. 결과만 바라면 수단과 방법을 가리지 않으려는 속성이 생긴다.

'좋은 승자(good winner)인 동시에 훌륭한 패자(good loser)이어라.'

스코틀랜드의 속담은 이기고 지는 것을 다시 생각하게 한다.

단지 꼭 하나 이겨내야 할 대상이 있다면,

그것은 다름 아닌 자기 자신뿐이다.

별 41

> 변명 중에 가장 어리석고 못난 변명은 '시간이 없어서' 라는 변명이다.
>
> – 에디슨

에디슨은 작업장에 시계가 없었기에 성공할 수 있었다고 한다. 그는 젊은이들에게 절대로 시계를 보지 말라고 충고하기도 했다.

발명왕 에디슨에게 이 세상에 발명한 것 중에 유일하게 불필요한 발명품을 꼽으라면 시계라고 말할지도 모르겠다.

우리는 '시간이 없어서' 라는 핑곗거리를 입버릇처럼 달고 다닌다. 사람에게는 시간에 대한 고정된 통념을 갖고 산다.

10대, 20대까지는 배워야 하고, 30대에는 가정을 이루고, 40대엔 돈을 벌고 자녀 양육하고, 50대엔 안정된 삶을, 6~70대에는 은퇴하여 건강한 노후를 바란다. 이런 고정된 틀에 사로잡혀 있다. 새로운 시도는 젊은 날에만 하는 것이라고 생각한다. 나이라는 숫자에 노예가 돼 버리고 만다.

"내 나이 먹어봐. 당최 머리가 굳어서 할 수가 없어."

자신보다 어린 사람한테 늘 써먹는 이 멘트는 가장 지겨운 말이다. 30대에 이 말을 써먹던 사람이 예순 살에 이르러서도 쉰 살 먹은 후배에게 말하곤 한다. 평생을 나이 타령만 하다 아무것도 시도도 하지 않은 채 포기부터 하고 만다. 그러다 그의 말대로 머리가 돌덩이처럼 굳어서 죽어간다.

언제나 역으로 생각해야 한다.

'나의 나이가 예순이니 일흔살 먹은 사람보다는 머리는 잘 돌아갈 거야. 쉰 살 먹은 사람보다는 경험이 많아서 인생을 더 폭넓게 볼 수 있을 거야.' 이렇게 늘 탄력적으로, 긍정적으로 생각하여야 한다.

하루를 놓고 보았을 때도 시간이 없다는 핑계가 많다. 밥 먹고, 세수하고, 일하고, 잠자는 고정된 시간 내에서 생각하기 때문에 늘 시간에 쫓긴다. 시간에 구속되어 버린다.

배가 고파서 밥을 먹는 게 아니라, 시계가 밥때를 지시하기 때문에 먹는다. 우리 인생의 주인은 어쩌면 시계라는 생각도 들 정도이다.

언젠가 어느 스님이 말했다.

자신은 우리가 사는 것에 4~5배는 살고 있다고. 일반인이 80세까지 산다면, 자신은 300세 이상 사는 셈이라고.

왜냐니까. 우리는 헛된 곳에 너무 많은 시간을 흘려보낸다는 얘기였다. 스님은 삭발하니 외모에 신경 쓸 일이 없고, 승복만 입으니 치장에 개의치 않으며, 단순하게 먹으니 음식에 연연하지 않는다고 하였다.

또한, 장가를 가지 않으니 아내와 자녀에게 안배할 시간도 필요 없지 않겠느냐는 말이었다. 듣고 보니 저절로 수긍이 갔다. 우리는 너무 쓸데없는 곳에 시간을 낭비하고 있다. 정작 해야 할 일은 시간이 없어, 없어 하면서 별반 중요치 않은 곳에 정력과 시간을 탕진하고 있다.

가장 많이 낭비된 시간은 뭐니 뭐니 해도 먹고, 입고, 잠자는 데 있다. 집안의 물건을 둘러보라. 집안의 수많은 짐은 거의 의식주를 위한 기구들이다. 그 기구들이 낡거나 유행에 처지면 또 바꿔야 하고 그러려면 돈을 더 벌어야 할 것이고……. 그야말로 악순환의 반복이다.

생활을 단출하게 할 필요가 있다. 모두가 스님처럼은 살 수는 없어도 지금보다 10배 20배로 단순하게 해야 한다. 단순해지는 만큼 시간을 10배 20배로 늘릴 수 있는 것이다.

시간이 없다 말하지 마라. 이 말은 나는 잡다한 곳에 너무 많은 시간을 들이고 있다는 말과 같다. 시간이 넘친다고도 말하지 마라. 이 말은 아무런 일도 하지 않고 있다는 말과 같다.

'백 년을 살 것처럼 일하고, 내일 죽을 것처럼 살라.'

라는 말을 새기며 살고 싶다.

별 42

> 꿈은 이루기 전까지는 꿈꾸는 사람을 가혹하게 한다.
>
> – 서진규 《나는 희망의 증거가 되고 싶다》

동트기 전이
가장 어둡듯
아이를 막 낳기 직전이
산정에 오르기 직전이
가장 고통스럽듯
꿈은
이루기 직전이 혹독해

물은
99도가 되어도 달아오를 뿐

1도 차이로

끓는 물도 되고

식은 물도 되고

1도의 뜨거움을

너에게 바란다

꿈은

- 졸시, 〈1도의 뜨거움을 바란다〉

꿈은 이루기 전까지는 꿈꾸는 사람을 혹독하게 한다. 이를 극복하는 사람은 알에서 껍데기를 깨고 나온 새처럼 날개를 얻지만, 극복하지 못하는 사람은 그 속에서 곪아 버리고 만다.

물의 온도가 100도가 돼야 끓듯이 99도에 이르기까지 고난의 과정을 견뎌냈다 할지라도 마지막 1도가 더해지지 않는 한 그 물은 단 한 번도 끓는 물이 되지 못하고 만다. 마지막 한 꺼풀 벗기기가 가장 힘겹고 고통스럽다.

돋보기가 초점이 이루어지기 전에는 태우지 못하는 것과 같다.

어찌 보면 꿈은 고통을 살라 먹고 자라는 생물이다. 고통을 인내하지 못하면 꿈을 이룰 수 없다. 'no pain, no gain' 이다.

꿈과 오락의 차이는 고통이 있느냐, 없느냐의 차이다. 고통을 이겨낸 사람만이 주어지는 영광의 자리, 그 자리가 꿈의 자리이다.

황벽선사는 이런 시를 남겼다.

不是一翻寒徹骨,

爭得梅花撲鼻香.

한차례 추위가 뼈에 사무치지 않았다면

코를 찌르는 매화 향기를 어찌 얻을 수 있으리.

별 43

> 나는 1,000번 실패한 것이 아니다.
> 단지 실패할 수 있는 1,000가지 방법을 알아낸 것이다.

– 에디슨

에디슨은 전구를 발명하기 위하여 9,000번의 실험을 하였고, 축전지를 발명하기 위하여 무려 2만 번의 실험을 했다고 한다. 많은 실패를 거듭하자 친구가 위로했다.

"2만 번이나 실패해서 얼마나 실망이 큰가?"

"실패라니 무슨 그런 서운한 말인가. 실패할 수 있는 2만 번의 노하우를 얻었는데 이만하면 실패하지 않은 걸세."

에디슨은 정색하며 대답했다. 그는 대단한 낙관론자였던 모양이다.

한번은 연구소에 화재가 발생하여 실험기구를 모두 잃어버렸다. 그는 재로 변한 기구들을 보며 중얼거렸다.

"내가 저지른 실수들이 모두 자취를 감추었으니 이 얼마나 감사한 일

인가. 이제부터 새롭게 시작할 수 있으니 이 또한 감사한 일이다."

이로부터 3주 후에 에디슨은 축음기를 발명했다.

위인들은 늘 보통사람들의 생각을 뛰어넘는다. 위인들이 범인들보다 선천적으로 머리가 뛰어나거나 환경이 좋은 경우는 별로 없다. 그러나 그들은 보통사람이 상상하기도 벅찬 낙천성과 인내력을 지녔다.

웬만한 사람 같으면 천 번은커녕 서너 번의 실패에 좌절하고 만다. 위대한 것은 위대한 결과물이 아니라 작은 생각의 차이다.

천 번의 실패를 실패로 여기는 게 아니라 노하우로 여기는 작은 생각의 차이가 위대하다.

하나의 성취를 하고자 하면 마음가짐이 범인들과 달라야 한다.

첫째로, 낙천적이어야 한다. 에디슨은 화재 난 연구소에서 보듯이 엄청난 불운을 긍정의 눈으로 보았다. 이쯤 되면 초인이라 할밖에. 대단한 낙천성 아닌가. 언제나 사물을 삐딱하게 보는 사람은 성공이 멀리 있다.

둘째로, 인내력이다. 2만 번의 실험이라니. 달리 무슨 말이 필요하겠는가. 세상을 바꾸는 사람들은 머리가 뛰어나다기보다는 인내할 수 있는 정신력의 소유자다.

셋째로, 집중력이다. 한 가지 것에 몰입하는 놀라운 집중력이 보통사람과 다른 점이다.

'대부분의 사람은 항상 무엇인가를 하고 있다. 산책을 한다거나 독서, 글쓰기, 생각 등을 한다. 다만, 그들과 나와의 차이가 있다면 그들은 많은 일을 하고 나는 한 가지 일만 한다는 것이다.' 라고 말한 에디슨의 말을 상기할 필요가 있다.

낙천적, 인내력, 집중력은
성공을 위해 필수불가결한 요소이다.

4 지·혜

서울에서 부산까지 가장 빨리 가는 방법은?

어느 사이트에서 이런 내용으로 현상공모를 한 적이 있다.

적지 않은 상금도 걸었다. 이 공모에 일반인들은 물론이고

수학자와 과학자, 교통학자들까지 응모했다.

KTX, 비행기, 자가용, 오토바이 등 지도상의 지름길을 측정하여 이들 교통수단들을

적절히 혼합하여 이용하는 방법이 제시되었다.

그러나 정작 1등을 한 사람은 평범한 보통사람이었다.

그 답은 이랬다.

"사랑하는 사람과 함께 가는 것이다."

별 44

무위이무불위 無爲易無不爲

아무것도 하지 않는 것이 아무것이나 하는 것보다 더 낫다.

– 중국 고사

아무것이나 하는 것보다 차라리 아무것도 하지 않음이 낫다. 모든 사람은 무언가 일하기를 원하고, 그 일을 추구하면서 자신의 존재감을 느낀다. 우리가 말하는 행복도 어쩌면 일을 통해 가능하다.

요즈음 즐비한 청년실업자들의 고통이 남 일 같지만은 않다. 나 또한 실직의 경험이 많은지라 이 금언이 더욱 가슴에 닿는다. 사람이 초조해지면 악수를 두게 마련이다. 나를 이끌어 가지 못하고 상황에 끄달리면, 나중에 땅을 치고 후회할 일을 만들고야 만다. 주식이니, 빠징고니, 경마니, 다단계니 하며 쉽게 벌 수 있는 곳, 소위 한탕거리의 꾐에 빠지게 된다. 그러나 이는 늪과 같아서 한 번 빠지면 쉬이 나올 수 없다. 더 크게 벌기 위해 더 많은 빚을 내고 주변 사람에게 신뢰를 잃고 마는 악순환의 연속이다.

강한 자는 냉정함을 잃지 않는 자이다. 쉽게 달아오르고 쉬이 흥분하지 않는다. 분노함은 자기 제어 능력을 상실하는 것이다. 바람결의 갈대처럼 자기감정에 휘둘리는 삶이 분명 온당한 삶은 아닐 게다. 언제나 강한 자는 최후까지 이성을 잃지 않고 참아내는 자이다.

내리막길이 있으면 반드시 오르막길이 있다. 삶이 딱 그렇다. 내리막 삶이 있다면 멀지 않아 오르막 삶도 있게 된다. 현명한 자는 내리막길에서도 오르막길을 준비하는 자이며, 오르막길에서는 훗날 내리막길을 예비하는 자이다.

강태공은 80년간이나 때를 기다린 후 무왕을 만나 천하를 평정하고 제나라의 왕이 된 사람이다. 아내가 집을 나갈 정도로 가난했지만, 그는 자신의 미래를 준비하였고 때를 기다렸다. 그는 아무 일이나 도모하지 않았기에 큰 사람이 될 수 있었다. 사실 아무 일이나 하지 않는다는 것이 아무 일이나 하는 것보다 더 힘든 일이다. 그러나 문제는 어떤 것이 시답잖은 일이고 유용한 일인지 범인인 우리로선 잘 알 수 없다는 데 있다. 그래서 옳은 가치와 인생관이 필요하다. 나는 아직 그 답을 알지 못한다. 단지 불가佛家의 말로 대신하자면, 그 답은 자리이타自利利他이다. 나도 이롭고 남에게도 이로운 일이라면, 아무것이나 하는 일은 아닐 게다.

공자는 말하였다.

"바른길에서 얻은 것이 아니면 아무리 귀중한 것이라도 뜬구름과 같도다."

별 45

> 썩은 사과부터 먹을 것인가 싱싱한 사과부터 먹을 것인가.
>
> – 자작自作

인생은 선택의 연속이다. 아침에 일어나 세안을 할 것인가 말 것인가. 이런 소소한 것부터 크게는 배우자를 선택하거나, 직업을 선택하는 일에 이르기까지 크고 작은 선택을 요구받는다.

인생은 선택 그 자체이다. 우리는 선택에서 벗어날 수 없다.

하면 어떻게 해야 잘된 선택을 할 수 있을까. 이런 의문을 해보지 않을 수 없다. 나는 이런 선택에 직면했을 때 썩은 사과, 고운 사과 론論을 생각한다.

"사과가 한 박스가 있어. 박스 안에는 썩은 사과도 있고 싱싱한 사과도 있지. 이럴 경우 당신은 어떤 사과부터 먹을 거야? 가장 안 좋은 사과부터, 아니면 가장 좋은 사과부터?"

어렸을 때 이런 질문을 받은 적이 있었다. 나는 그때 썩은 사과를 택했다. 왜냐하면, 덜 좋은 사과부터 먹어치우면 싱싱한 사과만 남지 않겠느냐는 게 나의 소견이었다.

그러나 결론은 '땡' 이었다. 가장 먹음직스럽고 싱싱한 사과를 골라 먹어야 한다. 그러고 나서 또 먹고 싶걸랑 남은 사과 중 가장 좋은 것으로 먹는다. 그리고 또…….

이제 몇 개밖에 남아 있지 않는다. 그야말로 질이 낮은 사과밖에 남아 있지 않다. 그래도 그나마 그중에서 가장 나은 게 있을 것이다. 이렇게 하다 보면 먹는 사람은 박스 안에 있는 사과를 가장 좋은 것으로만 골라 먹은 셈이 된다.

만약 이것을 거꾸로 했다고 생각해보자. 처음부터 끝까지 덜 좋은 사과를 먹지 않겠는가.

나는 이 선택의 원리를 거의 모든 생활에 적용하며 살아왔다.

'같은 값이면 다홍치마' 라는 우리 속담이 있다. 이 말은 선택에 매우 중요한 단서를 준다. 삶은 선택의 연속이다. 어차피 해야 할 일이라면 그중에서 좀 더 쉽게 처리하고 흥미가 있을 만한 일부터 처리한다. 그러면 아무 의식 없이 마구잡이로 일하는 것보다 마지막까지 재미있게 마칠 수 있다. 물론 시급한 일이라면 별개의 문제겠지만 말이다.

공부할 때에도 마찬가지다. 가장 관심 있는 과목부터 펼친다. 그 과목이 끝나면 나머지 과목 중에 좋아하는 과목을 집어 든다. 이런 식으로 하다 보면 끝날 때까지 좋아하는 과목과 함께하게 된다.

한 과목을 공부할 때도 같은 원리이다. 좋아하는 챕터(chapter)부터 공부한다. 평소 관심 있었고, 흥미를 끄는 부분부터 공부하다 보면 지루하지 않게 한 권의 책을 끝마치는 것이다.

어떤가. 이 원리를 나는 '다홍치마 접근법' 이라 부르고 싶다.

별 46

> 또렷한 기억보다는 희미한 기록이 낫다.
>
> – 격언

메모의 중요성을 일깨우는 말이다. 사회적으로 성공한 사람 대부분이 메모광이었다고 한다. 메모는 유용한 습관이다.

요즈음은 휴대전화, 카메라, MP3, 보이스리코더 등 기억을 저장하고 불러 활용할 수 있는 첨단 제품들이 많이 나와 있지만, 뭐니 뭐니 해도 육필로 쓴 메모가 제격인 듯싶다.

자신의 필체는 기록할 때의 미소한 느낌까지도 담을 수 있는 것 같다. 글자든, 그림이든 즉각적으로 형상화시키는 데에는 다른 기구에 비할 바가 아니다.

이하윤의 〈메모광〉이라는 수필이 있다. 기자 출신의 저자가 메모광적인 면모를 유감없이 보여주는 수필이다. 그의 메모광적인 버릇은 서적이며, 서신이며, 사진, 신문, 서류 등 정리 벽에 도움을 주었으며, 더 나아가 메모는 인생의 발자취이자 뇌수의 분실分室이라고까지 예찬하고 있다.

언젠가 나는 김제에 있는 '아리랑 문학관'에 들른 적이 있었다. 그곳에서 발견한 조정래 작가의 위대함은 다른 무엇보다 철두철미한 메모 습관이었다.

소설 《아리랑》을 집필했을 때 메모수첩을 전시해 놓았는데, 메모지에 꼼꼼한 그림을 넣고 세밀한 상황묘사를 해놓은 것을 보면서 역시 위대한 작품은 그냥 나오지 않는다는 생각을 했다.

아무리 머리 좋은 사람도 또렷한 기억은 한계가 있다. 그러나 아무리 무지한 사람도 기록을 해두면 둔한 머리의 한계를 극복할 수 있다. 오죽하면, 희미한 기록이 명확한 기억보다 낫다고 할까.

나는 메모지와 볼펜을 호주머니에 늘 갖고 다닌다. 몹쓸 내 기억력 탓도 있겠지만, 회의 장소에서 기록해야 할 때나, 좋은 글을 보았거나, 반짝이는 아이디어가 생각나면 주저 없이 적어두어야 하기 때문이다. 이 메모들은 아주 유용하게 사용된다.

사실 내가 명언수필집을 계획했던 것도 순전히 메모 습관 때문이다. 좋은 글, 좋은 대화에서 감동 있는 구절을 발견하면 나는 마치 금덩이를 줍는 양 부리나케 적어대곤 한다.

이런 글들은 훌륭한 서적이나 강연에서뿐 아니라, 하다못해 화장실 낙서에서도 발견하기도 한다. 또는 삶에서 체득한 진귀한 진리를 발견했을 때, 그때의 느낌대로 적어놓으면 나만의 명언이 될 수 있다. 명언을 창조할 수 있는 것이다.

이러니 한순간도 메모지를 갖고 다니지 않을 수 없다. 업무상 요긴하기도 하거니와 삶의 진귀한 글들을 발견할 수 있으니 일거양득一擧兩得이란 이런 것일 게다.

기록한다는 것은 각인시키는 것과 같다.
가끔은 아주 가끔은 기록한 사실을 기억 못하는
웃지 못 할 해프닝도 있지만,
기록은, 희미할지라도 아름다운 행위임이 틀림없다.

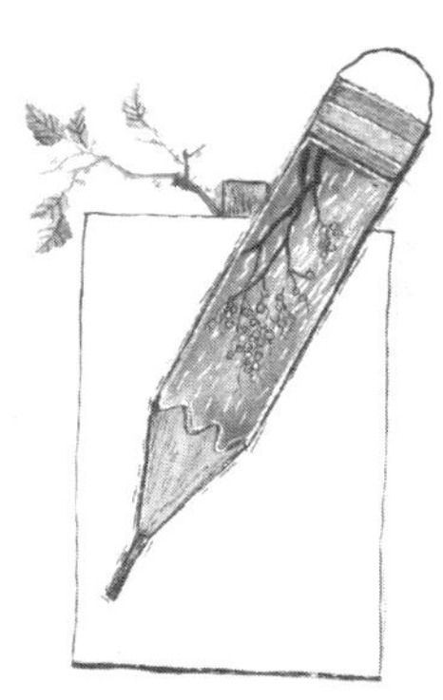

별 47

> 병교필패 兵驕必敗
> 병사가 교만하면 전쟁에서 반드시 패배한다.
>
> – 고사성어

자신감을 갖는 것은 좋은데 교만은 금물이다. 자신감과 교만은 비슷한 것 같아도 상반된 말이다.

자신감은 자기로, 교만은 타인에게 품는 마음이다. 자신에게 할 수 있다는 힘을 불어넣는 것이 곧 자신감이고, 타인을 업신여기는 것이 교만이다.

경적필패輕敵必敗라 했다. 적을 가볍게 보면 반드시 패한다는 말이다.

오늘날의 전쟁이라 할 수 있는 스포츠에서 이러한 예가 많다. 조금 실력이 있다고, 과거의 전적이 우월하다고 상대편을 가볍게 보아 망신을 당하는 경우를 종종 본다.

특히 언론이 교만을 조장하는 점이 많다. 조금만 성적이 좋으면 세계

제일인 양 앞질러 호들갑이고, 조금 성적이 안 좋으면 언제 그랬냐는 듯 지탄하기에 바쁘다. 언론에 일희일비하는 팬들도 줏대가 없기는 매한가지이다.

겸손해야 한다. 겸허하지 않으면 반드시 실패한다. 자신에게 겸허하고 상대에게 겸손해야 한다. 조금 높은 자리에 있다고 아랫사람을 깔보는 사람은 그 교만으로 언젠가 자멸하게 되어 있다.

M&M 초콜릿으로 유명한 마스그룹은 재산이 33조에 달하는 세계 10대 부자 그룹이다. 백여 년 가까이 회사를 성공적으로 운영하고 있다.

언젠가 회장인 존 마스가 한국을 왔는데 수행원 한 사람 없이 보통석을 타고 왔다. 지사에 갈 때도 택시를 불러 찾아가고, 누구에게나 자신의 이름을 부르도록 했다. 경영자의 그런 겸손이 그 기업을 그렇게 오랫동안 성공적으로 지속시켰을 것이다.

불가佛家예법은 절을 하는 것이다. 삼배, 백팔배, 천배, 삼천배, 만배……. 절을 하는 목적은 하심下心이다. 끊임없이 자기 자신을 낮추는 행위이다. 아래로, 아래로 흐르는 물처럼, 자기를 낮추고 세상의 모든 것을 우러르는 행위가 곧 절이다. 교만한 자는 아상我相이 높다. 아상이 높으면 집착이 강하다. 집착에 얽매일수록 그만큼 불행한 삶인 것이다.

패배하는 길은 교만의 마음이고, 성공하는 길은 겸손한 마음이다.

불행해지는 길은 교만의 마음이고, 행복해지는 길은 하심下心하는 길이다.

별 48

> 부모는 아이에게 가르치는 것이 아니라 보여주는 것이다.
>
> – 격언

아이는 부모의 뒷모습을 보고 배운다. 부모의 행실을 보고 그대로 따라 하는 게 자식이다. 아이는 부모의 거울이라고 하지 않던가. 일거수일투족 본대로 들은 대로 따라 하게 되어 있다.

설령 부모를 몹시 미워한다고 하여도, 미워하면서 닮는다. 아이에게 이러쿵저러쿵 수려한 말로 가르치려 말라. 부모가 옳은 모습을 보여주면 아이는 거울에 투영되는 것처럼 똑 닮게 될 것이다.

문제는 부모가 늘 입으로만 가르치려 한다는 사실에 있다. 부모의 오판은 아이가 정신적으로 미숙하다고 단정하는 데서 비롯된다. 아이는 정신적으로 미숙하기는 하나 의식은 마치 습자지와 같은 흡인력이 있다. 습자지 위에 한 방울의 물을 떨어뜨리면 순식간에 빨아들이듯 아이의 의식은 맑은 만큼 흡수력이 좋다.

자신은 책 한 권 거들떠보지 않으면서 아이에겐 공부해라, 책 읽어라, 숙제하라고 닦달을 한다.

'너희는 공부하기 정말 좋은 세대.' 라며 자신이 못 배운 게 순전히 시절을 잘못 만난 것인 양 한탄한다. 중요한 건 아이는 귀로만 배우지 않는다는 사실이다. 눈으로 느낌으로 배운다. 아이에게 공부하라면서 엄마는 노상 드라마에 파묻혀 산다면, 잔소리 그 이상도 이하도 아니다. 말이 공허할밖에. 아버지의 거친 말은 그대로 아이의 기억 속에 쌓여 어느 날 문득 자신도 모르게 입에서 튀어나온다.

부모가 자식을 가르치는 유일한 방법은 스스로 보여주는 것이다. 책을 늘 가까이하는 부모의 모습을 본 아이가 책을 싫어할 까닭이 없다. 평소 부모가 바른말 하는 집에서 험한 말을 사용할 아이는 없다. 부모가 효자이면 아이도 효자가 된다.

탈무드에 있는 말이다.

어떤 사람이 랍비를 찾아가서 자기 아들이 《성서》 공부를 게을리하지 않고 열심히 읽도록 기도해 달라고 부탁했다. 그러자 랍비는 대답했다.

"당신이 날마다 성서를 열심히 공부하면 당신의 아들도 당신의 본을 받게 될 거요. 그러나 만일 당신이 공부를 게을리한다면 당신의 아들도 그렇게 될 거요."

격언에도 '아이들은 부모의 뒷모습을 보고 배운다.' 라고 하였다. 아이는 부모의 말에 의해 배우는 게 아니라 부모의 행실을 보며 배우게 된다.

별 49

> 선생(teacher)이 되지 말고 스승(master)이 되어라.
>
> – 격언

줄탁동기(啐啄同機)

어미 닭이 알을 품고 있다가 때가 되면 병아리가 안에서 껍질을 쪼게 되는데, 이것을 '줄' 이라 하고 어미 닭이 그 소리를 듣고 바깥에서 껍질을 쪼는 것을 '탁' 이라 한다.

이 '줄탁' 은 어느 한 쪽의 힘이 아니라 동시에 일어나야만 병아리가 온전히 하나의 생명체로서 세상 밖으로 나올 수 있다. 만약에 껍질 안의 병아리가 힘이 부족하거나, 반대로 껍질 바깥 어미 닭의 노력이 함께 이루어지지 않는다면 병아리는 태어나지 못하고 만다. 껍질을 사이에 두고 두 존재의 힘이 하나로 모아졌을 때 비로소 세상이 만들어진다.

불가에서 선禪을 수행하는 스님들의 화두로 쓰이는 이 말은 스승

(master)은 어미 닭처럼 결정적인 순간에 물꼬를 터주어 깨우침을 주도록 한다는 것이다.

예전엔 선생(teacher)이 곧 스승(master)이었다. 선생이 직업이라기보다는 존경받는 인격자였다. 선생은 권위가 있었으며 인격적으로 존경의 대상이었다.

그런데 요즈음은 선생이 여러 직업 중 하나에 불과하다. 가르치는 직종에 불과해졌고 단순히 과정을 가르치는 기능인으로 바뀌고 있다. 선생의 권위는 이미 상실된 지 오래다. 학교는 고결함과 신성함을 잃고 기업화되어가고 있다.

우리는 스승(master)이 그립다. 나의 정신까지 훌륭하게 안내해 주는 스승이야말로 진정 정신을 풍요롭게 하는 존재다. 도제 교육이 거의 사라진 오늘날 참다운 스승을 만나기란 참 어려운 일이다.

요즈음 멘토(mentor)라는 말을 자주 사용한다. 그리스 신화 '오디세이' 에 나오는 오디세우스 왕의 가장 친한 친구 멘토르(Mentor)가 왕이 전쟁을 치르는 동안 왕의 아들을 훌륭하게 키웠다는 데서 유래한 말이다. 나의 잠재력을 알고 이끌어 내 줄 수 있는 분, 그런 분이 우리를 자라게 한다.

불가에서는 선지식善知識이란 말로 표현한다.

도道를 얻는 데 있어 세 가지 중요한 요소가 있다. 첫째, 도를 안내해 줄 선지식, 둘째, 도를 구하는 데 함께할 도반, 끝으로 도를 연마할 도량.

이 중에 가장 만나기 어려운 게 바로 눈 밝은 선지식이다. 옳은 선지식을 만나기는 하늘에 겨자씨를 던져 바늘 끝에 올려놓기보다 어렵다고 하니 얼마나 만나기 어려울까.

나무는 큰 나무 덕을 못 보아도 사람은 큰 사람 덕을 본다고 한다.

나에겐 문학 은사님이 계신다. 고결한 인품과 영혼을 지니신 은사님이 있기에 나는 행복하다. 인생에서 존경하고 닮고 싶은 분이 가까이 있다는 것은 참 행복한 일이다. 더욱이 내가 그토록 좋아하는 일에 옳은 스승을 만났으니 이런 홍복이 어디 있겠는가.

언젠가는 나도 옳은 스승이 되고 싶다. 맑고 향기로운 영혼으로 후학을 지도할 만큼 큰 나무로 자랄 수 있다면 좋으련만.

별 50

> 이것이 있으므로 저것이 있고
> 저것이 있으므로 이것이 있다
> 이것이 소멸하므로 저것이 소멸하고
> 저것이 소멸하므로 이것이 소멸한다.

– 불경, 《아함경》

세 살 먹은 아이도 이해할 수 있는 이 글이 그 유명한 연기론의 정수다. 처음에 이 글을 접했을 땐 도시 느낌도 없고 감흥도 일지 않았다. 도대체 이런 단순한 글을 신봉하는 사람들이 이상할 정도였다. 그런데…….

석가모니를 '깨달았다.' 라고 한다. 그는 무엇을 깨달은 걸까? 그는 다름 아닌 연기법을 깨달았던 것이다.

연기緣起란 인연생기因緣生起의 준말이다. 흔히 연기를 다른 말로 '인연因緣' 으로 부른다. 우리가 늘 말해왔던 그것, 인연이 곧 연기인 셈이고,

석가는 인연을 깨달은 최초의 사람이다.

'이것이 있으므로 저것이 있고 저것이 있으므로 이것이 있다.' 연기법은 이 짧고도 매우 쉬운 글로 우주의 진리를 함축하고 있다.

인연,

우리는 자주 인연이란 말을 쓴다. 꼭 불가와 관련이 없는 사람이라도 만남을 애기할 때 인연을 언급하곤 한다.

인연이란 인因과 연緣의 합성어이다. 인因은 행위의 원인原因을 말하며, 연緣은 행위의 결과를 말한다. 불교에서는 원인이 없는 결과는 없고, 결과엔 반드시 원인이 따른다는 것이다.

이것은 저것이 있기에 가능하다는 얘기이다. 하기에 불교에서는 '우연' 이라는 말은 있을 수 없다. 오로지 '필연' 만이 존재한다.

"불교란 도대체 어떤 종교입니까?" 라고 누가 물으면, 나는 늘 대답하는 말이 있다.

"불교는 우연이 없는 종교, 즉 필연만이 있다고 말하는 종교입니다."

내가 오늘 누군가와 길거리에서 옷깃 한 번 스쳐 지나감에도 전생의 몇백 번의 만남이 있었다고 한다.

모든 사물이 그물처럼 연결되어 있다는 사실을 깨달았다는 것. 이것은 놀라운 깨달음이다. 이 세상에는 단독으로 존재하는 것은 아무것도 없다. 반드시 무언가와 연결되어 있어야만 존재한다.

오늘 내가 존재할 수 있는 것은 공기가 있고, 햇빛이 있고, 물이 있고, 음식이 있기에 가능하다. 그렇다면 나라는 사람은 공기와 햇빛과 물과 음식의 여러 복합적 인연 덩어리이다. 그 덕분으로 존재하고 생각하는 내가 된다. 이 인연의 법칙은 단순한 존재론을 넘어 온누리의 일체 만물과 그물코처럼 연결되어 있음을 깨달은 영원한 진리이다.

불교에서는 불이不二라는 말을 한다. 둘이 아니라는 말이다. 일체는 결국 하나라는 연결성을 지니고 있다. '나' 는 그 복잡 미묘하게 얽힌 세상과 절대 분리할 수 없는 존재라는 것이다.

참선은 인연을 깨닫기 위한 과정이다. 아는 것과 깨닫는 것은 다르다. 깨달음은 논리에 있지 않기 때문이다. 우리는 알량한 알음알이로 안다고 판단해버리고 만다. 때로는 학문이란 이름으로, 지식이란 이름으로, 더러는 상식이란 이름으로.

대저 인간이 안다는 것은 몇백 생을 거듭 살면서 알고, 알고 또 안다고 해도 우주의 관점에선 손톱에 낀 때보다도 작을 것이다. 깨닫는다는 것은 논리의 차원이 아닌 전혀 다른 차원이다.

인연을 알면 분별심이 없어진다. 너와 내가 둘이 아님을 알기에 허투루 대할 수 없다. 전생과 다음 생을 넘나드는 인연의 무서운 법칙을 알기에 선업善業을 쌓기를 주저하지 않을 것이다. 한마디로 착하게 살 수밖에 없는 게 인연의 법칙이다.

"존재하는 모든 것들은 모두 서로 인연으로 생기고 인연에 의해 사라진다. 저절로 생기고, 저절로 사라지지 않는다."

삶을 지배하는 것이 인연의 법칙이라고 생각하면, 때론 인연이란 말에 무섬증이 난다. 그러니 지나간 인연이야 어찌할 수 없어도 오는 인연에 어찌 소홀히 할 수 있겠는가.

인연,

'인연' 은 보통 명사 이상의 의미로 다가오는 것이다.

별 51

> 녹은 쇠에서 생긴 것인데 점점 그 쇠를 먹는다.
>
> – 《법구경》

과음을 경계하는 널리 알려진 서양 격언이 있다.

'처음에는 네가 술을 마시고, 다음에는 술이 술을 마시고, 종국에는 술이 너를 마신다. (First you take a drink, then the drink takes a drink, then the drink takes you.)'

과유불급過猶不及이라 했다. 항상 과하면 사달이 발생하는 것이다. 처음엔 자신이 주체가 되어 시작하지만 과하면 객체에 의해 자신의 본성을 잃고 만다.

삿된 마음은 미소하게 시작되어
종국엔 나를 집어삼키고 만다.

쇠에서 생긴 녹이 그 쇠를 먹듯이.
욕망의 씨앗은 처음에는 깨알만 하다가
바윗돌로 변하여 자신을 짓누르고 만다.
쇠에서 생긴 녹이 그 쇠를 먹듯이.

성내는 마음은 호수에 독약을 뿌리는 것이니
호수 전체를 병들게 한다.
쇠에서 생긴 녹이 그 쇠를 먹듯이.

원망하는 마음은 정원에 가시를 심는 것이니
결국 내 마음을 상처 내고 만다.
쇠에서 생긴 녹이 그 쇠를 먹듯이.

내 마음의 녹을 어찌 지울 거나.
녹을 지우는 비법이
삶을 반짝반짝 빛나게 하는 비법이
딱 하나 있지

방하착 하는 일!

인간의 삼독(三毒, 탐진치)이 마치 녹이 쇠를 집어삼키는 것과 같아 시詩로써 간략히 정리해 보았다. 좋아하는 불교 용어 중에 '방하착放下着'

이란 말이 있다. 집착을 땅에 내려놓으라는 뜻이다. 모든 괴로움의 원인은 집착에서 온다.

죄는 처음에는 손님이다. 그러나 그대로 두면 손님이 그 집의 주인이 되어버리고 만다. 이처럼 녹은 처음에 쇠에서 아주 작게 시작한다. 그러나 가만 내버려 두면 작은 것이 점점 자라나 나를 지배한다.

"욕망이란 처음에는 문을 열어달라고 간청하다가 어느새 손님이 되고, 어느덧 마음의 주인이 된다. 그러므로 아예 처음부터 문을 열어주지 말아야 한다."

톨스토이의 말이다.

인간의 욕망이 그렇다. 작은 욕망이 더 큰 욕망을 부른다. 한도 끝도 없다. 절제하고 만족하지 않는 이상 탐욕이 나를 파멸로 이르게 한다.

별 52

> 김수환 추기경에게 몇 개 언어를 사용하느냐고 물었더니
> 두 개 언어라고 했다. 하나는 거짓말, 또 하나는 참말.

– 김수환 추기경

한 신도가 김수환 추기경에게 몇 개 국어를 하는지 물었다. 추기경은 자신은 두 개의 언어를 잘하는데 알아맞혀 보라고 하였다. 신도들은 의견이 분분하였다. 어느 신도는 독일 유학을 했으니 독일어, 한국어를 잘할 것이라고 말하였고, 다른 신도는 일제강점기를 사셨으니 일본어와 우리말을 잘할 것 같다고 말하였다. 그러나 추기경은 모두 틀렸다며 웃으며 하는 말이, "그게 뭐냐면, 하나는 거짓말이고 다른 하나는 참말이야." 유머러스하고 우회적인 표현이다. 거짓말을 늘 경계하라는 말이다.

동서고금을 막론하고 잘못된 말로 인해 생기는 일을 경계하고 있다. 귀가 두 개인 이유는 말하는 것보다 듣는 것을 더 많이 하라는 의미라고

한다. 말을 잘못하면 거의 재앙이라고 할 수 있다. 말로 입은 상처는 칼에 의한 상처보다 더 오래간다.

불가에서는 사람이 짓는 열 가지 큰 죄가 있는데, 그중에서 무려 네 가지가 입으로 저지르는 죄이다. 거짓말하는 죄(망어妄語), 꾸며 말한 죄(기어綺語), 악담하는 죄(악구惡口), 이간질하는 죄(양설兩舌)가 바로 그것이다.

중국 고사에서는 '구시화지문口是禍之門, 설시참신도舌是斬身刀'라 하여 입은 화를 불러들이는 문이요, 혀는 몸을 자르는 칼이라고 하였다.

때문에 말은 되도록 적게 해야 한다. 내 경험상 적게 말하는 사람이 더 진실하다고 생각한다. 말이 많은 사람은 입을 배설기관으로 착각하는 사람이다. 아무리 웅변가인 사람도 말이 많으면 실속이 없다. 때와 장소에 적절하지 못한 말은 말이 아니라 '지껄임'에 불과하다.

나는 말주변이 거의 장애 수준이라 해도 과언이 아니다. 특히나 사람들 앞에서 말할 때는 하얗게 질려서 아무런 말도 못하는 때가 잦다. 거의 병적일 정도다. 산사에 들어가서 한 삼 년 정도 묵언默言 수행하는 게 내 바람이고 보면 그다지 말하는 것을 좋아하지도 잘하지도 않는 게 분명하다. 말을 안 하는 비현실적 바람보다 적은 말일지라도 거짓말을 하지 않았으면 좋겠다. 제일 잘하는 언어가 영어, 불어, 중국어가 아닌 참말이었음 좋겠다.

"물고기는 언제나 입으로 낚인다. 인간도 역시 입으로 걸린다."

혜안이 넘치는 《탈무드》의 말을 두고두고 음미해볼 일이다.

별 53

> 무소의 뿔처럼 혼자서 가라.
>
> – 석가모니

서로 사귄 사람에게는
사랑과 그리움이 생긴다
사랑과 그리움에는 괴로움이 따르는 법
연정에서 근심 걱정이 생기는 줄 알고
무소의 뿔처럼 혼자서 가라

숲 속에서 묶여 있지 않은 사슴이
먹이를 찾아 여기저기 다니듯이
지혜로운 이는 독립과 자유를 찾아
무소의 뿔처럼 혼자서 가라

동행이 있으면 쉬거나 일어서거나
걸어가거나 여행하는 데도
항상 간섭을 받게 된다.
남들이 원치 않는 독립과
자유를 찾아
무소의 뿔처럼 혼자서 가라.

욕망은 실로 그 빛깔이 곱고 감미로우며
우리를 즐겁게 한다
그러나 한편 여러 가지 모양으로
우리 마음을 어지럽힌다
욕망의 대상에서
무소의 뿔처럼 혼자서 가라

서로 다투는 철학적 견해를 초월하고
깨달음에 이르는 길에 도달하여
도를 얻은 사람은
'나는 지혜를 얻었으니
이제는 남의 지도를 받을 필요가 없다.' 고 알아
무소의 뿔처럼 혼자서 가라

탐내지 말고, 속이지 말며

갈망하지 말고, 남의 덕을 가리지 말고
혼탁과 미혹을 버리고
세상의 온갖 애착에서 벗어나
무소의 뿔처럼 혼자서 가라

의롭지 못한 것을 보고
그릇되고 굽은 것에 사로잡힌
나쁜 친구를 멀리하라
탐욕에 빠져 게으른 사람을
가까이하지 말고
무소의 뿔처럼 혼자서 가라.

세상의 유희나 오락
혹은 쾌락에 젖지 말고
관심도 두지 말라.
꾸밈없이 진실을 말하면서
무소의 뿔처럼 혼자서 가라

물속의 고기가 그물을 찢듯이
한번 불타버린 곳에는
다시 불이 붙지 않듯이
모든 번뇌의 매듭을 끊어버리고

무소의 뿔처럼 혼자서 가라

마음속에 다섯 가지 덮개五蓋를 벗기고
온갖 번뇌를 제거하여 의지하지 않으며
애욕의 허물을 끊어버리고
무소의 뿔처럼 혼자서 가라
전에 경험했던 즐거움과 괴로움을
모두 던져 버리고
또 기쁨과 두려움을 버리고
맑고 고요한 마음으로
무소의 뿔처럼 혼자서 가라.

최고의 목적에 도달하기 위해 노력 정진하고
마음의 안일을 물리치고
수행에 게으르지 말며
용맹정진하여 몸의 힘과 지혜의 힘을 갖추고
무소의 뿔처럼 혼자서 가라

홀로 앉아 명상하고
모든 일에 항상 이치와 법도에 맞게 행동하며
살아가는 데 있어서 무엇이 근심인지 똑똑히 알고
무소의 뿔처럼 혼자서 가라.

애착을 없애는 일에 게으르지 말며
벙어리가 되지 말라
학문을 닦고 마음을 안정시켜
이치를 분명히 알며 자제自制하고 노력해서
무소의 뿔처럼 혼자서 가라

이빨이 억세고 뭇짐승의 왕인 사자가
다른 짐승을 제압하듯이
궁벽한 곳에 거처를 마련하고
무소의 뿔처럼 혼자서 가라

자비와 고요와 동정과 해탈과 기쁨을
적당한 때를 따라 익히고
모든 세상을 저버림 없이
무소의 뿔처럼 혼자서 가라

탐욕과 혐오와 어리석음을 버리고
속박을 끊어 목숨을 잃어도 두려워하지 말고
무소의 뿔처럼 혼자서 가라

소리에 놀라지 않는 사자와 같이

그물에 걸리지 않는 바람과 같이
흙탕물에 더럽히지 않는 연꽃과 같이
무소의 뿔처럼 혼자서 가라

— 수타니파타 《남전대장경(南傳大藏經)》 중에서

인생은 코뿔소의 뿔처럼 혼자 가야 하는 길이다. 나를 둘러싼 사람들과 함께 가는 듯 보여도 결국 혼자 가는 길이다. 이 진리를 받아들이지 못한 사람은 인간이 갖는 필연적 고독에 괴로워한다. 애욕에 끄달리게 된다. 원망이 생긴다.

어느 시인의 시구처럼,
'만남은 둘이 만나는 게 아니라 홀로 선 둘이 만나는 것' 이다.

별 54

> 한 마리 사슴이 이끄는 사자들의 군대보다,
> 한 마리 사자가 이끄는 사슴들의 군대가 더 위협적이다.

– 필리포스 2세(알렉산더 대왕의 부친)

리더의 중요성을 일깨워준 명언이다.

아랍 속담에도 같은 말이 있다.

'사자 한 마리가 이끄는 양 떼가 양 한 마리가 이끄는 사자 떼를 이길 수 있다.'

제아무리 용맹스런 사자 무리를 가졌다고 하여도 무리를 이끄는 장수가 형편없으면 오합지졸이 돼버리고 만다. 반대로 아무리 유약한 집단을 가졌다고 해도 장수가 뛰어나면 강력한 힘을 발휘하게 된다.

제갈공명이 적벽대전에서 적은 숫자로 조조의 대군에 대승한 것은 뛰어난 지략이 있었기 때문이다.

이순신 장군은 수십 척의 배로 수백 척의 왜군에 대항하여 23전 23승이라는 세계 전쟁사에 유례없는 가장 위대한 업적을 이루었다.

리더의 결정은 집단을 나락으로 떨어지기도 하고, 눈부신 결과를 내기도 한다. 그리 멀리 가지 않아도 몇 년 전에 우리에게 벅찬 감동을 안겨 주었던 거스 히딩크의 리더십을 생각하면 한 사람의 리더가 주는 파괴력이 얼마나 큰지 여실히 보여주고 있다.

사업을 하다 보면 오너는 늘 놀고먹는 사람처럼 비치는 때가 많다. 그러나 오너의 가장 큰 역할은 어떤 일을 결정하는 사람이다. 무수한 결재 서류는 신속한 결단과 바른 판단을 요구한다. 오너의 그 결단으로 집단을 흥하게도 하고 망하게도 하는 것이다.

명문대 출신자를 수천 명 거느리고 있다 해도 리더의 오판으로 말미암아 집단이 늪에 빠지는 경우를 본다. 리더의 가장 큰 덕목은 사안을 바라보는 높은 안목과 시대를 꿰뚫는 직관으로 신속한 결정을 내리는 것이다.

자신에게 있어서도 마찬가지이다. 나는 내 입과 혀, 귀, 코, 눈, 팔다리, 육신 등을 거느린 장수다. 내 몸 안에 속해 있는 이러한 수족들은 늘 달콤하고 편안하기를 바란다. 나의 정신은 이런 욕망을 다스리는 리더요 오너다.

한 마리 사자가 될지 아니면,
한 마리 승냥이가 될지는 결국 나에게 달린 것이다.

별 55

> 아는 사람은 말하지 않고, 말하는 사람은 알지 못한다.
>
> 知者不言, 言者不知

– 노자, 《도덕경》

빈 수레가 요란하고 빈 깡통이 달그락거린다. 아는 것이 적은 사람일수록 말하기를 좋아한다. 빈약한 지식과 교양을 현란한 말로 그럴듯하게 포장하려고 한다.

장 자크 루소는 이런 말을 했다.

"아는 것이 없는 사람일수록 말하기를 좋아하고 아는 것이 많은 사람일수록 침묵을 지킨다. 조금 아는 사람은 알고 있는 모든 것이 중요하다고 여겨 사람들에게 말하는 것이요. 많이 알고 있는 사람은 아직도 모르는 게 많다고 생각하기 때문에 필요한 경우나 질문을 받을 때 이외에는 말을 아낀다."

특히 도道를 구하는 곳에서는 이 말이 딱 맞는 말이다. 진정 깨우친 사람은 필요한 말만 한다. 언제나 깨우치지 못한 사람들이 시끄럽다.

말을 많이 하는 사람을 경계해야 한다. 많이 할수록 진실성과는 멀어지기 때문이다. 말을 잘하는 사람을 가만 보면 타고나는 것 같다. 하지만 그것이 깊이 사유한 말이 아니라, 혀의 기교로밖에 보이지 않는다. 임기응변에 강하고 자기변호에 뛰어나다. 논쟁에서 이기는 횟수가 많지만 담아둘 말이 별로 없다.

그런가 하면 묵언하거나 침묵하는 사람을 주의 깊게 보아야 한다. 그들은 입으로 말하는 게 아니라 몸으로 말한다. 말은 허공에 흩어져 버리는 공허한 것이지만, 행동은 공허하지 않다.

'생각은 물 위에 글을 새기는 것이고, 행동은 바위에 글을 새기는 것이다.' 라는 말이 있다.' 말보다는 생각이, 생각보다는 행동으로 보여주는 게 더 바람직한 인간상이다.

경험상 말하건대, 열에 아홉이면 말이 많은 친구는 진실하지 못하다. 말이 많으면 실수가 잦다. 총알을 많이 쏘면 쏠수록 빗나갈 확률도 높아지는 것이다. 어떻게 백발백중의 총잡이가 있을 수 있겠는가.

지자불언知者不言, 언자부지言者不知.

아는 사람은 말하지 않는다. 말하는 사람은 알지 못한다.

깊은 울림을 주는 말이다.

별 56

뿌린 대로 거둔다

어떤 종류의 씨를 뿌렸든
뿌려진 씨에 따라 그는 바로 그 열매를 거둔다.
선을 행하면 선을 거두고 악을 행하면 악을 거둔다.
너의 씨앗은 뿌려졌다.
그러니 열매를 거두리라.

– 불경 《상응부 경전》

만고의 진리다. 이 짧은 구절에 심오한 철학이 함축되어 있다. 뿌리지 않고 얻을 수 있는 일은 없다. 씨앗을 뿌리지 않고 결실을 바라는 것은 도둑의 심보이다. 덜 심고 더 많이 바라는 것 또한 마찬가지다.

매일매일 씨앗을 뿌리는 게 우리의 삶이다. 좋은 씨앗, 나쁜 씨앗, 맑은 씨앗, 탁한 씨앗, 건강한 씨앗, 허약한 씨앗…….

사람은 자신이 뿌린 씨앗은 생각지 않고 결실이 적다고 한탄한다. 쥐꼬리만큼의 공덕으로 태산만큼의 복을 바란다. '썩을 놈의 세상' 하며 세상이 불공평하다고 원망한다.

독일의 문호 괴테는 노력은 적게 하고 많은 것을 얻으려는 곳에는 한숨이 깃든다고 하였다.

가만 생각해 보면, 내 앞에 지금 벌어지고 있는 모든 일은 과거로부터의 결과물이다. 그러지 않겠는가. 씨앗이 없다면 열매도 없을 테니까 말이다. 결국, 남을 탓할 게 아니라 자신을 탓해야 한다는 논리가 된다.

당연한 논리로, 내일 열매를 바라는 자는 오늘 씨앗을 뿌려야 한다. 너무나 쉬운 논리를 왜 사람들은 망각하고 사는 걸까.

'오이를 심으면 오이를 얻고 콩을 심으면 콩을 얻으니 하늘의 그물이 넓고 넓어서 성기되 새지 않느니라.'

《명심보감》 '천명편' 에 나오는 말이다. 하늘에 그물이 있어 우리가 심은 모든 것을 관장하고 있다고 표현한 옛 어른들의 사유가 압권이다.

세상의 도리는 콩 심은 데 콩 나고 팥 심은 데 팥 난다. 가시나무에 가시가 나고, 대나무에서 대 난다.

농사를 짓는 것처럼 정직한 일은 없다. 속이지 않고 살 수 있는 유일한 길은 농사라는 말이 있다. 심은 대로, 수고한 대로 수확을 하니 말이다. 어떤 일을 하든 농사를 짓는 것처럼 내 삶을 가꾸어 나간다면 도道에서 멀지 않은 삶을 살게 자명하다.

별 57

> 암癌이란, 먹고(口), 먹고(口), 또 먹어(口) 산(山)처럼 먹어 생긴 병(疒)이다.
>
> – 전통 의학자 이병국 선생 강의에서

아프리카 원시림에 원숭이 떼가 살았다. 원숭이들은 그들답게 생활을 하며 살았다. 그런데 어느 해에 보니 다리를 절거나 심지어 나무타기를 하다가 떨어지는 원숭이도 생겨났다. 그들에게 병이 생겨났던 것이다. 고혈압, 당뇨, 관절염 등 소위 말하는 문명병, 현대병이 생겨났다.

이유인즉슨, 너무 많이 먹은 탓이다. 그곳이 관광지로 지정되면서 호텔 주방에서 손님들이 먹다 버린 음식에 맛을 들이면서 이들은 병이 들기 시작했다.

결국, 음식 부산물을 버리지 않게 되자 원숭이들은 본래의 건강한 생활로 돌아가게 되었다.

인간에게는 아홉 구멍이 있다. 이를 구규九竅라 한다. 배꼽을 기점으로 위는 상초上焦라 하고 아래는 하초下焦라고 부른다. 상초에 일곱 구멍은 취하는 문이고, 하초의 문은 배설하는 문이다. 취하는 것과 배설이 원활했을 때 질병에 걸리지 않게 된다.

현대인들은 먹을거리에 취해 산다. 자의든 타의든, 넘치는 음식물을 취하면서 산다. 암癌이라는 글자를 해자解字 하면, 산처럼 많이 먹어 생긴 병이라는 것이다.

사람은 입으로만 먹는 것은 아니다. 천기天氣는 코로 취하고, 지기地氣는 입으로 취한다. 귀는 듣는 입이요, 눈은 보는 입이고, 코는 호흡하는 입이다.

오늘날 사람들은 좋다고 각종 식품을 너무 많이 먹어댄다. 도가의 양생법에 보면 '좋은 것을 찾아다니는 것보다는 나쁜 것을 하지 않는 것에 있다.' 라고 하였다. 현대인 대부분은 이것과 정반대로 산다.

코는 어떤가. 맑은 공기를 마실 수 없는 환경으로 치닫고 있다. 그럼에도, 공해에 찌든 도시문명을 꿈꾸며 산다. 심지어 공기 정화기까지 나오는 판이다. 정화기의 효능은 내 알 바 아니지만, 인간의 임기응변에 놀랄 뿐이다. 근본적인 처방이 아닌 극히 대증적 처방만이 난무할 뿐이라는 생각이다.

눈은 가장 혹사당하는 입이다. 몽골인들은 시력이 무려 7.0이라고 한다. 드넓은 초원에서 사는 그들만의 신체적 특징이다. 달리 말하면 환경에 따라 얼마든지 인체가 발달하기도 하고 질병에 시달리기도 하는 것이다.

우리의 환경은 어떤가. 병풍처럼 둘러싸인 빌딩 숲을 보며 온종일 컴퓨터와 씨름하고, 저녁이면 전자파를 뿜는 텔레비전 앞에 넋을 놓고 있는 게 우리 현실 아닌가.

인조물이 아닌 자연물을 보기가 하늘에 별 보기 만큼이나 어려워진 세태다. 병이 걸리지 않는 것이 도리어 이상할 정도의 환경에서 살고 있다. 어쩌면 진짜 독한 사람은 병들지 않는 사람이다. 지독한 환경에서 살아남고 있으니 말이다.

귀도 마찬가지다. 가장 아름다운 음악은 자연의 소리이다. 요즈음 '음악치료' 라는 대체의학 용어가 있다. 소리가 인체에 미치는 영향이 지대하다고 한다. 우리는 인조의 소음을 안고 산다. 소위 말하는 과학이 꿈꾸는 유비쿼터스 시대는 언제 어디서나 통화하고 네트워킹되는 세상이라 한다. 귀도, 눈도, 입도 쉴 틈이 없다.

상초에서 취하는 기운이 맑지 못할진대 내 몸이 깨끗해질 수 없는 것은 너무나 당연한 논리다.

우리가 꿈꾸는 세상을 재고해 보아야 하지 않을까.

별 58

> 우유를 마시는 사람보다 우유를 배달하는 사람이 더 건강하다.
>
> – 영국 속담

명언 속에는 보석처럼 반짝이는 지혜가 있다. 역발상의 묘미와 깨우침은 큰 감격을 주곤 한다. 그 감동은 나를 깨닫게 하고 삶을 변화시킨다. 그래서 나는 이런 살아 있는 지혜를 얻고자 책을 읽는다.

모름지기 예술은 감동과 깨우침을 주어야 한다. 근래에는 이런 깨우침의 글을 만나기가 쉽지 않다.

이 짧은 속담은 긴 생각을 하게 한다. 우리는 때로 본질과 동떨어지게 행동을 한다. 달을 보라고 손가락을 가리키는데, 달은 보지 않고 손가락 끝만 보는 게 우리네 삶이다. 본질에서 멀어져 있다.

건강을 위해 운동을 해야 한다는 것은 삼척동자도 아는 사실인데도 먹어서 건강해지려 한다. 먹어서 해결할 일이 아니라 뛰어서 해결할 일이다. 아무리 좋은 음식을 먹어댄들 운동보다 낫겠는가.

한국인은 건강에 좋은 것이라면 곰 발바닥도 먹어대는 희한한 민족이다. 뿐이랴. 자양강장제로 이름 붙여진 무수한 이상하고도 야릇한 것들을 위장에 밀어 넣어야 직성이 풀리는가 보다.

이런 천한 건강관을 하루빨리 버려야 한다. 아마 건강의 척도가 위장에 있다고 하면 우리나라 사람이 가장 튼튼한 민족일 것이다. 부끄럽지만 마치 먹기 위해 사는 사람들 같으니 하는 말이다.

이런 얘기가 있다. 구한말에 외국인 선교사가 우리나라에서 선교활동을 했었다. 그는 아침마다 조깅을 하고 아령이나 역기 등으로 운동했다. 그러자 이를 본 우리나라 양반이 한 말씀하였다.

"이보시오, 외국 나리. 뭣 하러 그렇게 땀 흘려가며 고생을 하오. 그렇게 힘든 일은 하인을 시키면 되지 않겠소."

이런 촌극도 산해진미만 좋아하고, 움직이기 싫어하는 우리나라 기질이 아닌가 싶어 씁쓸하기만 하다.

나의 건강을 위장에 묻지 않고 두 다리에 물어야 한다. 약초를 캐러 다니는 사람이 약초만 먹어대는 사람보다 더 건강할 것이다. 건강을 위장에 위탁하는 것은 미련한 짓이다.

우유를 마시는 것보다 더 중요한 것은 내 몸에 건강한 생기를 흡입하는 것이다. 건강이 다리에 있는 이유이다.

별 59

> 21세기 문맹인은 읽고 쓸 줄 모르는 사람이 아니다.
> 배운 것을 잊고 새로운 것을 배울 수 없는 사람이다.

– 앨빈 토플러

공부는 학창시절에만 한다고 생각하는 사람은 어리석은 사람이다. 요즈음 '평생' 이란 말을 이곳저곳에서 붙여 사용하는데 교육에서만큼 절실한 것은 없으리라. 그야말로 '평생 교육' 의 시대다. 배우고 또 익혀야 한다. 한 이십여 년 배워서 평생을 써먹었던 시절은 지나가 버렸다.

소위 '라이프 사이클' 이라고 하는 생명 주기가 모든 분야에서 짧아지고 있다. 특히나 지식의 발전사는 과거에 달팽이 걸음이었다면, 지금은 치타의 달리기와 같다. 세상이 엄청난 속도로 치닫고 있는 것이다.

인터넷의 출현은 시간과 공간의 개념을 파괴하였다. 집에 앉아서 얼굴을 보며 전 세계 사람들과 대화하고 자료를 교환하기도 한다. 시간에 제약이 없고, 공간이 무한히 확장되었다.

이런 상황은 과거 국지적으로 공간과 시간의 제약 속에서 습득했던 지식을 작고 초라하게 해버린다. 새로운 것을 배우지 않으면 견뎌내지 못하도록 요구받고 있는 것이다.

전자혁명은 여기에 그치지 않고 더 나아가 유비쿼터스란 미래 모델을 세워놓고 정신없이 내달리고 있다. 물론 부작용이 이만저만이 아니다. 목표가 무엇인지도 모를 속도 만능주의는 브레이크가 파열된 자동차와 같다. 이런 가공할 속도로 말미암아 발생하는 세대 간의 갈등은 더욱 심해지고 있다. 자식과 부모는 도대체 대화할 수 없을 지경으로 급격하게 세상이 뒤바뀌고 있다. 그렇다고 지금 벌어지고 있는 현상들이 모두 부정적이라 단정할 순 없다. 오히려 좋은 면을 받아들이고 더 나은 세상으로 가기 위해 힘을 모아야 한다.

과학기술의 진보가 무서운 속도로 내달릴수록 인문학 비중이 점점 커지고 있다. 바른 철학과 바른 가치로 무분별한 과학을 제어해야 하며 옳은 방향성을 제시해주어야 한다.

양자가 서로 균형성을 유지했을 때 올바른 진보가 되는 것이다. 따라서 모든 분야에서 평생교육이 이뤄져야 하는 당위성이 생겨나는 것이다.

미래학자 앨빈 토플러의 '문맹자'의 지적은 매우 적절하다.

시간과 공간의 관념이 깨진 이 시대에는 나이가 큰 의미가 없다. 나이가 힘으로 평가받던 시대가 아니다. 나이에 상관없이 새로운 지식을 습득할 수 있는 사람은 지식인이고 그렇지 못하면 문맹자인 것이다.

우리가 밥을 평생 먹어야 하듯, 공부도 평생을 걸쳐 해야만 한다.

별 60

수승화강水昇火降

머리는 차게, 발은 따뜻하게.

건강에 대한 제일 좋은 말을 소개해달라고 한다면, 나는 두말할 필요도 없이 '수승화강水昇火降'이라고 하겠다.

언젠가 유명한 전통 의학자 집에 들른 적이 있었는데, 안방에 '水昇火降'이라고 힘찬 붓글씨로 쓰인 액자를 보았다. 선생님은 그 말이 건강을 지키는 가장 핵심적인 말이라고 하였다.

백 년 전 영국의 대단히 유명한 의학자가 있었다. 그는 임종에 이르자 가족을 불러 밀봉한 상자를 건네주며 유언을 남겼다.

"이 상자에는 내가 평생 연구한 무병장수의 비결이 들어 있다. 하지만 지금 공개해서는 안 된다. 은행 금고에 보관하되 어느 때인가 그것을 세

상에 공개할 임자가 나타나면 그때 이 열쇠를 주어라."

그 후 몇 년이 지나 어떤 사람이 찾아왔다. 그는 돈이 많은 부호로서 당대의 부자였지만 몸이 병약해 고민을 거듭하다가 마침내 유명한 의학자가 장수의 비결을 남겼다는 소문을 들었던 것이다.

그리고 그 상자를 열어보기 전 이렇게 말했다.

"내가 평생 모은 모든 재산의 절반을 고인의 기념사업과 의학 발전을 위해 내놓을 테니 그 유언 상자를 양도해 줄 수 있겠습니까?"

가족들은 상의 끝에 고인이 말한 상자의 임자가 바로 이 사람임을 알고 열쇠를 주었다. 마침내 부호는 상자를 열었고 상자 안에서 흰 보자기로 겹겹이 싸인 노트 한 권을 꺼내었다. 거기에는 다음과 같은 구절이 적혀 있었다.

"내가 일생을 바쳐 의학 연구를 하여 얻은 장수 비결은 오직 한 구절에 불과하다. 모든 병의 원인은 음식을 잘못 섭취하는 것에서 연유한다. 그러니 음식을 되도록 적게 먹고 잘 씹어 먹어 위가 언제나 만복이 되지 않도록 하라. 또한, 머리는 차갑게 하고, 발은 따뜻하게 하라."

"이것이 바로 건강의 지름길이다. 이대로 실천하면 만병을 물리칠 수 있을 것이다. 그러니 부질없이 불로양생을 찾기 위해 헛되이 시간과 노력을 낭비하지 마라."

많은 돈을 들여 상자를 사들인 부자는 노트에 기록되어 있는 대로 실천하여 그 후 건강한 일생을 보내게 되었다는 일화다.

이 일화에서도 언급하였듯이 머리는 차갑게 하고, 발은 따뜻하게 하여야 한다.

동양의학은 음양오행(목화토금수)론으로 설명되는데 신장腎臟은 수水의 기운에 속하고, 심장心臟은 화火의 기운이다. 열기는 상승하려는 속성이 있고, 수기는 하강하려는 속성이 있다.

불과 물을 생각하면 쉽게 이해될 수 있으리라 본다. 심장은 뜨거운 장부이다. 그래서 열기가 위로 솟구치게 되어 있다.

인체의 머리는 양陽의 기운이 모여 있고, 늘 생각을 하는 곳이기 때문에 매우 뜨거운 부위다. 마치 자동차의 엔진과 같다. 엔진을 식히기 위해서는 라디에이터를 돌려야 엔진이 적정한 온도를 유지하게 되고 정상작동을 한다. 뜨거운 것을 식히는 것은 시원한 물이다. 즉 수水의 장부인 신장에서 펌프처럼 물을 뿜어 올려 머리를 쿨링(cooling)시키는 것이다. 노동력이 많아 늘 열기에 휩싸인 머리를 식혀야 한다.

또한, 심장의 열기는 아래로 내려보내야 한다. 복부와 하체는 따뜻한 온기가 있어야 제 기능을 하기 때문이다. 온기에 의해 음식을 부숙시키고, 소화시키며, 소화된 영양을 온몸으로 전달시키는 것이다.

인체의 대다수 문제는 '수승화강의 법칙'에서 어긋나 있어서이다. 이 시스템이 깨져버리면 인체의 항온능력이 깨진 것과 같다. 이에 따른 각종 병이 유발되는 것은 당연한 현상이다. 그러니 이 '수승화강의 법칙'을 늘 염두에 두고 생활에 임한다면 항상 건강하리라고 믿어 의심치 않는다.

건강에 잊지 말아야 할 꼭 한 마디!

"수승화강水昇火降"

5 삶

우리는 여기서 배우고 있는 것을 통해서
다음의 새로운 세계를 선택하는 거야.
만약 여기서 아무것도 안 배우면,
다음 세계도 똑같이 돼.
그것은 즉 극복해야 할 한계, 제거해야 할
납鉛의 중하重荷를 그대로 이끌고 가는 거야

– 리처드 바크 《갈매기의 꿈》에서

별 61

> 삶은 권리가 아니라 의무다.
>
> – 일본 작가, 미우라 아야코

요즈음 자살공화국이라 할 만큼 삶을 포기하는 사람이 늘고 있다. 유명인을 위시하여 부유한 자나 빈곤한 자나, 십대 청소년에서 칠십대 노인에 이르기까지 전 방위적으로 일어나고 있다. 특정 계층과 나이와 성별에 구분 없이 스스로 목숨을 끊고 있으니 사회가 문제인지, 개인이 문제인지 모를 일이다.

무엇보다 안타까운 것은, 채 살아보지도 않고 목숨을 던져버린 젊은 이들이다. 젊을 때 한 번쯤 자살을 생각해보지 않는 사람은 드물 것이다. 경우에 따라 다르겠지만, 이는 마치 성장통과 같은 게 아닐까 한다. 인생을 알아 가기 위한 몸부림의 과정에서 치러내야 하는 아픈 과정 같은 것. 이것은 회피할 게 아니라 극복해야만 할 과정이다.

나 역시 삶의 의미를 찾고자 방황했던 시간이 많았다. 아니 솔직히 지금도 방황에서 벗어나지 못하고 있다. 그러나 내 삶을 내던지지 못하도록 잡아 주었던 말이 있다.

'삶은 권리가 아니라 의무다.'

우리의 목숨은 우리가 선택할 권리가 있는 게 아니라는 말이다. 오로지 주어진 의무만 있을 뿐. 이는 군대에 가는 것과 같다. 군대 생활은 자의에 의한 삶이라기보다는 타의에 의한 의무적 삶이다.

불가에서는 윤회輪廻와 업業으로 삶을 풀이하고 있다. 삶은 단순히 일회적인 게 아니라 계속 윤회를 반복한다는 것이다. 이승에서 지었던 업業을 가지고 다른 모습으로 바꾸어 태어난다. 죽음은 끝이 아니라 새로운 출발을 의미한다. 죽음은 그저 옷을 바꿔 입는 행위일 뿐이다. 대지가 겨울을 지나 새봄으로 옷을 갈아입듯 인생도 이와 다르지 않다. 그러니 스스로 목숨을 끊는 사람은, 최악의 범죄인 '살생계'를 범하게 되어 다시 태어난들 전생의 업장으로 인해 온전한 삶이 되지 못하게 된다.

자살하는 사람의 최대 오판은 삶이 한 번뿐이라는 생각이다. 삶은 사멸되는 것이 아니다. 전생의 업을 가지고 다른 모습으로 재생될 뿐이다. 이 생각을 하지 못하면 영영 수렁에서 헤어나지 못하게 된다.

인생은 의무다. 세상으로부터 받은 것을 갚아야 할 의무, 신에게 부여받은 시간 동안 역할을 다해야 하는, 인간이 선택할 수 없는 천명인 것이다. 인생은 곧 선택이라지만, 태어남과 죽음만은 스스로 선택할 수 없다. 왜냐하면 생사生死는 인간의 영역이 아니므로…….

별 62

> 중요한 것은 목적지에 얼마나 빨리 가느냐가 아니라, 그 목적지가 어디냐는 것이다.(It is more important to know where you are going than to get there quickly.)
>
> – 메이벨 뉴컴버(Mabel Newcomber)

현대인들은 속도에 민감하다. 굳이 스포츠의 예가 아닐지라도 더 빠르게는 현대인의 캐치프레이즈다. 미상불 엄청난 속도전이 벌어지고 있다. 과거 몇십 년에 걸쳐 이루었던 일을 단 몇 시간 만에 해치워버리니 질주하는 속도에 왜 환호하지 않겠는가.

산업화, 기계화, 정보화시대인 오늘날 속도전은 마치 누가 누가 더 빨리하느냐 내기하는 듯하다. 더욱이 우리나라를 대표하는 말이 '빨리빨리' 임을 상기하면 한강의 기적이니 한민족의 저력이니 하는 것들이 모두 속도와 무관치 않다.

현대사회는 속도전에 올인한다. 속도가 마냥 풍요를 준다고 믿고 있다. 마치 눈가리개를 착용하고 질주하는 경주마 같다. 말은 눈이 툭 튀어

나와 시야가 무려 330도나 된다. 고개를 돌리지도 않고도 자신의 꼬리만 빼고 거의 다 보인다는 얘기이다. 시야가 넓다 보니 정신이 산만하여 경주에 집중하지 못한다. 그래서 눈가리개인 차안대로 양옆과 뒤쪽의 시야를 일부러 가려 앞만 보고 달리도록 한다.

참살이 공부를 하는 학교에 다닌 적이 있었다. 참다운 삶을 살고자 하는 건학 이념을 내건 대안 학교였다. 그곳에 다니면서 우리가 미친 듯이 질주하며 속도에 취하여 사는 삶이 얼마나 허망한가에 대한 자성을 갖게 되었다. 요즈음에는 대안적 삶을 희구하는 사람들이 슬로우 푸드, 슬로우 시티, 명상, 생태적 삶을 꿈꾸며 속도전에서 하나 둘 일탈하고 있다.

숙성되려면 적당한 시간이 녹아들어야 하는 건 두말할 필요도 없다. 세월이 빠진 된장과 고추장, 김치가 어디 제맛을 내던가. 시중에 세월을 빠뜨린 인스턴트식품이 넘쳐나는데 건강에 좋을 턱이 없다.

요새는 먹을거리뿐 아니라 인스턴트 물건들도 범람하고 있다. 심지어 사랑마저 인스턴트화 되어가는 판이니…….

인생에도 세월이 녹아 있어야 한다. 세월이 들어 있지 않은 삶이란 팥소 없는 찐빵과 같다. 갑자기 벌어지는 일을 벼락에 많이 비유한다. '벼락치기', '돈벼락', '벼락출세' 등.

시험 때 벼락치기 공부하는 아이치고 깊이 있는 학문을 갖추고 있던가. 느닷없이 벼락부자가 된 사람치고 행복하게 사는 것을 본 적이 있던가. 도리어 인생을 망치는 경우를 주위에서 예사로 보게 된다.

요는 속도가 아니다. 속도보다는 방향이 옳아야 한다. 서울을 가려고 하는데 남도로 향해 질주한들 그 무슨 소용이 있을까.

바른 견해와 바른 방향성을 지녀야 한다. '빨리빨리' 가 능사가 아니라 '바른 방향' 이어야 한다. 설령 바른 방향일지라도, 속도를 늦추어야 한다. 지나친 속도감은 롤러코스터의 일시적인 쾌감일 뿐이다.

우리는 가끔 자신을 되돌아보아야 한다. 인생은 차안대를 씌운 경주마처럼 오로지 골인 지점만 바라보고 가는 경주가 아니다. 주변의 나무와 새와 꽃을 느끼면서 가는 멋스런 사람이 되도록 노력하자. 그럴 때 자연과의 교감으로 파릇한 영감이 샘물처럼 솟고 마음에 여백이 생길 것이다.

그렇다.

중요한 건 속도가 아니라 방향이다.

별 63

인생칠획人生七劃

인생人生이란, 인人은 사람이며 생生은 창조다.

— 자작自作

人生, 이 글자를 해부해 보면 재미있다. 우선 획수를 보자 人은 2획, 生은 5획이다. 이 둘을 합치면 7획이 된다. 인간의 수명은 정도의 차이는 있겠지만 대개 70년 안팎이다. 人生이란 글자를 한 획에 10년이라 치면, 인생 70년 삶과 맞아떨어진다. 참 절묘하다.

이 논리로 풀이하면, 人은 스무 살까지의 삶이다. 즉, 스무 살까지 삶은 인간人이 되는 과정이다. 자의든 타의든 사람이 사회에 나가 올바른 소양을 가지고 살도록 교육을 받아야 하는 기간이다. 학교에서 공부하고, 온전한 신체가 갖추어지는 시기이다. 여자는 잉태할 수 있는 몸이 되며, 남자는 한 가정을 꾸릴 신체가 된다.

인人의 시기에는 보통 의타적 삶을 산다. 부모에 의해, 학교의 규범에 의해, 사회적 울타리 안에서 말이다.

생生의 의미는 '생산' 혹은, '창조'라고 말하고 싶다. 20대 이후의 삶은 생산적인 삶이 되어야 한다는 말이다. 그 생산이라는 것이 어떤 인사으로 성장했느냐에 따라 각기 다를 것이다. 생산물의 품종도 다를 것이며, 생산물의 질도 다를 것이다.

뿌린 만큼 거두게 된다. 모를 심은 자는 쌀을 얻을 것이요, 나무를 심은 자는 과실을 얻을 것이다. 세상은 한 치의 오차도 없는 법이다. 어떤 종교에선 전지전능한 신이 오차 없는 세상을 설계하였다고 하는데, 내가 생각하기로 설계자는 신이 아니라 자기 자신이다. 문학을 공부한 이는 시를 창조하고, 음악을 공부한 이는 노래를 만들 것이다.

누구라도 생生의 기간엔 창조하게 마련이다. 인류에 있어 가장 중요한 창조물은 자식子을 얻는 일이 아닐까 싶다. 자식은 자신의 피조물이며 자기의 분신이다. 그렇기에 자식을 낳는다는 것은, 인간에게 주어진 가장 숭고한 역할이며 의무라고 생각된다.

인생人生에 가장 숭엄한 일이 자식을 두는 일이지만, 창조의 본질이 극히 본능적이고 자기의 이로움을 위해 있다. 누구나 할 수 있는 창조는 인류 보편성에 기여할 수는 있어도 독창성을 내

세울 수는 없다.

사람은 무엇인가 가치있고 공익성 있는 창조를 간구한다. 문학, 미술, 음악, 스포츠……. 이 창조물은 다른 사람을 이롭게 한다. 논문을 쓰고 책을 발간하고, 작품을 만드는 행위는 인류를 진보하게 한다. 인간의 호기심과 탐구심은 끊임없는 창조물을 쏟아내게 할 것이다.

이렇게 수학방정식처럼 획수로 인생人生을 풀이해 보았다.

나는 인생에서 무얼 남기고 가야 하는고.

별 64

> 잘못된 결정이라도 결정을 하지 않는 것보다 낫다.
>
> – 격언

나의 처가는 충정도 오지 마을이다. 예부터 충청도 사람의 특질을 한마디로 표현하자면 '여유 혹은 느림'을 말한다. 솔직히 내가 충청도에 처가를 두지 않았다면, 이 말의 깊이와 농도를 잘 몰랐을 게다. 보통 느린 게 아니다. 간혹 처가 식구 팔남매로 구성된 모임에서 회의를 할라치면, 그다지 급한 성격이 아닌 나 같은 사람도 여간 인내가 필요하지 않다. 무언가 결정을 해야 하는 안건에 자신의 의사를 어찌나 미루적거리는지 자못 갑갑증이 나곤 한다. 딱 부러지는 맛이 없고 기연가미연가 도시 의향을 알 수 없을 때가 잦다.

내 주위에도 더러 그런 사람이 있다. 자기 딴엔 신중하게 생각한다고 강변하겠지만, 대개 너무 신중하다 못해 썩어 문드러지고 만다. 종종 망설임은 나쁜 결정보다 더 심한 대가를 치르게 된다. 망설임으로 좋은 기회를 놓치고 말았을 때 "아~ 그때 그렇게 해야 했는데……." 이미 지나고 나서 아쉬워한들 더욱 초라해지기만 할 뿐이다.

"늦게 내려진 올바른 결정보다, 빨리 내린 틀린 결정이 낫다."

결코 실기失期하지 말라는 미국의 경영학자인 피터 드러커의 금언이다.

데카르트도 "결단을 내리지 않는 것이야말로 최대의 해악이다."라고 우유부단함을 경계하였다.

인생은 어쩌면 결정이고 선택이다. 잠자리에서 일어나서 잠자리에 들 때까지 매 순간순간 선택을 해야 하는 게 인생이다. 일어나고, 밥 먹고, 잠자는 것. 이런 소소한 것에서부터 결혼, 집 구매, 취업 등에 이르기까지 끊임없이 선택하며 살아야 한다.

모두 옳은 선택만 할 수는 없다. 결정을 내리는 데 필요한 모든 정보를 다 가질 수도 없다. 만약 그럴 수 있다면 그것은 결정이 아니라 필연적 결론일 것이다. 틀린 선택이 두려워 결정을 못 내리는 것은 구더기 무서워 장 못 담그는 격이다. 성공한 사람들도 언제나 완벽한 선택을 했던 것은 아니었다. 잘못된 선택도 성장에 도움이 되었다는 것을 그들은 알았다. 어떤 실수도 하지 않은 사람은 아무런 발전도 없다는 점을 간파했다.

특히 집단의 리더는 다름 아닌 '결정하는 사람'이다. 수많은 결재란은 결정을 내리라는 무언의 압박이다. 그래서 리더는 외롭다. 자신의 결단으로 자칫 집단을 나락으로 빠져들게 할 수 있기 때문이다. 그러니 리더가 어찌 힘겹지 않을쏜가. 그 고뇌를 직원들과 공유를 할 수 없기에 고독할 수밖에 없다.

"우리는 바른 결정, 혹은 틀린 결정을 정확히 내릴 능력을 갖추고 태어나지 않았습니다. 그저 결정을 내린 다음, 그것이 바른 결정이 되도록 만들어 가는 능력을 타고났을 뿐이죠."

찰스 트리멘더스 존스의 말을 곰곰이 음미해보자.

나는 결정을 해야 할 상황엔 늘 이 말을 상기한다.

'우유부단하여 실기하는 것보다 차라리 잘못된 빠른 결정이 낫다.'

별 65

> 신언서판身言書判, 옛날 인물 선택하는 데 표준으로 삼던 조건으로 신수身, 말씨言, 문필書, 판단력判을 일컬음

– 고사성어

중국 당대唐代에는 관리를 뽑을 때 인물을 선택하는 네 가지 기준이 있었다.

인물이 출중한가身, 언사는 어느 정도인가言, 문향은 깊은가書, 바른 판단을 하는가判. 이 네 가지를 살펴보아서 관리를 등용시켰다고 한다. 인물을 가리는 기준법은 예나 지금이나 다르지 않다고 생각된다.

신身은 사람의 용모와 풍채를 뜻한다. 사람을 처음 대할 때 외모를 보고 그 사람의 그릇을 분별한다. 신身은 인물 평가의 일차적인 접근법이라 할 수 있다. 요새 말로는 '첫인상'과 같은 의미가 아닐는지.

언言은 말솜씨를 말한다. 아무리 뜻이 깊고 아는 것이 많은 사람일지라도 말에 조리가 흐릿하고, 교양미가 없다고 본다면 높은 평가를 받기

어려울 게다.

서書는 문필을 가리키는 말이다. 서書는 붓글씨뿐만 아니라 작문 필력까지 포함한 의미이다. 문장은 내면의 깊이를 알 수 있는 유용한 기준이 된다. 문장을 어느 정도로 부릴 수 있는가에 따라 그의 학문적 소양과 사유의 폭을 짐작할 수 있기 때문이다.

판判은 이 세 가지를 모두 수렴하는 말이다. 신언서판에서 가장 높은 차원의 용어이다. 사람이 아무리 용모가 뛰어나고, 말을 잘하고, 글에 능해도 사물의 이치를 깨달아 아는 능력이 없다면, 그 인물이 출중하다 할 수 없을 것이다.

우리는 사실 옳은 판단력을 기르기 위해 공부한다고 해도 지나치지 않다. 높은 자리에 오를수록 옳은 판단력이 뒤따라야 한다. 잘못된 판단은 많은 사람을 수렁에 빠뜨릴 수 있기 때문이다.

나는 신언서판이란 말을 매우 좋아하여 벽에 적어놓고 음미하곤 한다. 용모身는 선천적인 부분이라 어찌할 수 없지만, 스스로 품격을 고양하는 '언서판言書判'을 함양키 위해서 상당히 노력하는 편이다.

그러나 나는 선천적으로 말言이 눌하여 옛 어른들의 기준으로 보면 과락이다. 그러니 궁여지책으로 될 수 있는 한 불필요한 말을 하지 말자는 주의이다.

나는 사고를 간추릴 수 있는 글書을 좋아한다. 말은 즉발성이라 순간적으로 사고를 조율해야 하고 임기응변에 능해야 하지만, 글은 어르고 달래어 숙성시켜 담아낼 수 있어 좋다. 말도 훌륭하고 글도 수려하면 좋으련만 대개 이 둘을 갖추기가 그리 쉽지 않다. 말을 잘하는 사람은 글에 약하고, 글 솜씨가 나은 사람은 말주변이 약하다.

나는 옳은 판단력判을 키우기 위해 공부하는 것을 주저하지 않는다. 선禪을 하고, 독서를 하고, 여행을 하고, 글을 쓴다. 지혜롭고 현명하다는 것은 옳은 판단력을 달리하여 부르는 말이 아닌가 싶다. 옳은 분별력이야말로 최상의 가치이다.

신언서판은 인물의 됨됨이를 평가하는 데 중요한 기준으로 삼았던 옛 어른들의 지혜이다. 신언서판은 지나치게 용모에만 편중하는 요즘 세태에 경종을 울리는 말이기도 하다.

나는 신언서판이 어떻게 자신을 가꾸어야 하는지 방향을 잡아주는 것 같아 공부의 지표로 삼고 있다.

별 66

Ice break

신선한 충격

좋아하는 영어구절 중에 아이스 브레이크(ice break)란 말이 있다. 직역을 하면 '얼음을 깬다.' 라는 뜻이다. 별 뜻이 없는 이 단어를 의역하면 '신선한 충격' 이라는 말이 된다. 얼음을 깨는 것처럼 타성에 젖은 일상을 깨버리라는 의미가 담겨 있다.

내가 이 단어를 대하였을 때 그야말로 신선한 충격이었다. '깨버린다.' 는 행위는 지극히 능동적이고 작위적이다. 이에 반해 얼음은 단단히 고형된 세계를 의미한다.

우리는 거대하고 집단화된 사회에 자신도 모르게 동일시되기를 원하고 그 테두리 안에서 성공하고 싶어 한다. 그러면서 자신도 모르게 서서히 독창성을 잃어가고 만다.

'새는 알을 깨고 나온다. 알은 세계다. 태어나려고 하는 자는 또 하나의 세계를 깨뜨리지 않으면 안 된다.' 헤르만 헤세의 소설 《데미안》에 나오는 말이다.

불교에서는 '타파칠통'이라는 말이 있다. 새까만 칠을 담아놓은 통을 '탁' 깨뜨려야만 생사에서 벗어날 수 있다는 뜻이다. 한 생각을 깨뜨려야 비로소 깨달을 수 있다는 말이다. 아이스 브레이크와 타파칠통은 일맥상통하는 점이 있다.

얼음을 깨뜨려야 한다. 얼어 있는 자신의 관념과 고루한 사유, 기성세대에 편승하는 기회주의적 사고를 타파해야 한다. 늘 새로운 사고를 갖도록 해야 한다. 나는 주로 명상을 하고 독서를 하며, 사정이 허락되는 한 여행도 즐긴다. 이러한 노력이 나를 얼음 속에 갇히지 않게 할 것이다.

도가의 양생법에서는, 이로운 것을 취하기보다는 이롭지 않은 것을 삼가야 한다고 했다. 이 논리대로 하자면 새로운 무언가를 하기보다는 좋지 않은 생활을 버려야 함이 옳을지도 모르겠다. 일테면 텔레비전을 없앤다든지, 잡다한 만남을 줄인다든지, 술과 기름진 음식을 삼간다든지……. 타성에 젖은 삶을 되돌아 보아 깨뜨려야 한다.

일신우일신日新又日新.

중국 고대의 성군 탕왕이 세숫대야에 써놓고 아침마다 세수하면서 보았다는 글귀처럼 날마다 새로워지자.

나는 날마다 날마다 얼음을 깨는 싱그러운 사람이고 싶다. 고루한 타성을 벗어버린 인간 본연의 모습으로 돌아가고 싶다.

별 67

> 기차가 잠시 굴 안에 들어가 안 보인다 해서 안 가는 것은 아니지.
>
> – 전혜린 작가

삶이 탄탄대로라면 얼마나 좋을까. 기차 레일처럼 정해진 노선이 인생길이라면 참 쉽고 편할 텐데……. 그러나 인생길은 그리 쉬운 길만은 아닌듯하다. 일정한 레일을 가는 열차마저도 군데군데 컴컴한 굴을 지나야 하지 않던가. 하물며 인생길이야 말해 무엇하리.

기차가 터널 안에 들어가서 안 보인다 해서 정녕 안 가는 것은 아닐 게다. 인생도 매한가지 아닐까. 어쩌다 우리는 잠시 세상으로부터 잊힐 수도 있다. 기차가 굴 안에서 안 보이는 것처럼, 음지에 속해 있어 존재감이 가려져 있을 수 있다. 그렇다 해서 인생이 끝은 아니다.

한차례 추위가 뼈에 사무치지 않았다면(不是一翻寒徹骨),

코를 찌르는 매화 향기를 어찌 얻을 수 있으리(爭得梅花撲鼻香).

황벽 선사는 지독한 추위가 없다면 매향梅香을 얻지 못한다고 단언하고 있다. 지금의 고통이 더 나은 향과 더 강인한 나를 만들기 위한 하나의 담금질이라 생각하며 이겨내야 한다. 이 세상에 단 한 사람도 고통을 겪지 않은 사람은 없다. 우리는 자그마한 불행에 지레 겁먹고 포기하려든다. 인생은 패배했을 때 끝나는 게 아니라 포기했을 때 끝난다.

잠시 잠깐 자신에게 어둠이 왔다 해서 운명을 한탄하고 절망하지 마라. 인생은 언제나 현재 진행형이다. 한순간도 멈춤이 없는 것이 곧 인생이다. 인생을 실은 기차는 어둠을 뚫고 터널 밖으로 튀어나올 때 쏟아지는 찬란한 햇살을 받을 것이 분명하다.

나는 인생에 어려움이 닥칠 때마다 이 말을 기억한다. 지금은 잠시 굴 안에 있어 세상 사람들에게 잊히고 나의 삶이 어둠에 있지만, 여전히 나의 기차는 덜커덩덜커덩 저 쏟아지는 햇살을 향해 나아가고 있음을 믿으면 현재의 아픈 시간도 감내하기가 훨씬 수월하다. 지금 아파하는 사람들에게 이 말을 선물로 전해 주고 싶다. 기차가 잠시 굴 안에 들어가 안 보인다 해서 안 가는 것은 아니라고.

오늘도 저 기차는 어둠을 가르며 목적지로 향하고 있겠지.

별 68

> 개미형 인간보다 거미형 인간이 되라.
>
> – 인터넷

개미형 인간보다 거미형 인간이 되라.
조직형 인간이 아니라 정보형 인간이 되라.
위성안테나같이 네트워크를 구성하여
세상을 노려보는 거미의 마인드를 배워라.
산업사회에서는 근면성, 협동심, 조직성을 상징하는
개미가 표준 인간형이었다.
개미 세계에서 그가 속한 조직은 완성체일지 모르지만,
그 속의 개인은 부속에 지나지 않는다.
정보화 시대에서는 거미가 모델이다.
거미 세계는 관료 사회처럼 움직이는 조직이 아니다.

정보를 먹고 사는 네트워크 사회다.

곳곳에 정보의 그물을 치고 끈기 있게 기다려라.

이 글은 변모된 요즘 시대를 매우 정확히 갈파하고 있다. 정곡을 찌르는 말이다. 몇십 년 전만 해도 평생직장의 개념, 즉 개미형 사회였다. 협동과 근면함이 최우선시되었다. 개미 세계와 동일한 삶이 최고의 가치였다. 같은 장소에서, 같은 유니폼을 입고, 같은 시간대에, 같은 목표를 향해 오로지 그에게 부여된 일을 하는 것이야말로 개미의 모습과 다름없다.

이런 시스템은 농업사회에서 산업사회로 바뀌면서 시대가 낳은 풍속도다. 전체라는 공동의 목표 아래에서는 개개인의 개성은 오히려 적대시되곤 한다. 집단은 '조직' 또는 '효율'이라는 명목으로 똑같은 삶을 요구한다. 모든 게 같은 시간에 이루어진다. 일어나고, 밥 먹고, 배설하고, 근무하고, 심지어 잠자는 것마저…….

다른 게 있다면 조각조각 나뉜, 분업화된 일이다. 이는 더 심각하다. 자신이 하는 일이 전체 속에 어떤 부분인지도 잘 알지 못한다. 숲 속에서 나무만 자르는 사람은 숲을 보지 못한다. 사람의 역할은 반복하는 기계처럼 생각이 마비된 채로 단순기능공으로 전락하고 만다.

오늘날엔 정보화 사회이다. '평생직장' 대신 '평생직업'의 개념이 우선시 된다. 조직보다는 개개인의 창의성이 중시된다. 한 사람의 창의적 발상이 나머지 몇백 명의 식구를 먹여 살리는 사회다. 빌 게이츠가 그렇다. 컴퓨터 윈도(window) 하나로 세계를 평정하였다. 개미의 마인드로는 일어날 수 없는 일들이 일어나고 있다.

거미처럼 자신의 네트워크를 구축해야 한다. 내가 하는 일이 일부분이 아니고 완성체여야 한다. 일의 주인이어야 한다. 주변인이 아니라 중심인으로 사는 거미의 사고가 통하는 사회다.

거미형 사회에서 무엇보다 중요한 화두는 거미가 거미줄을 뽑아내어 먹을거리를 창출하듯 나만의 거미줄을 짜 세상과 연결하여야 한다.

지금의 세상은 긴밀히 연결되어 있고 언제나 온라인 상태이다. 휴대전화 버튼 하나로 세상과 소통을 할 수 있다. 이 그물코로 연결된 인드라망 세상에서 그대는 어떤 완성품으로 네트워킹할 것인가.

해답은 그대 안에 있다.

별 69

> 모든 사람이 인생의 사업에서 성공자가 될 수는 없다.
> 그러나 모든 사람이 인생의 삶에서 성공자가 될 수는 있다.
> 그것은 무엇이 되느냐에 목표를 두지 않고,
> 어떻게 사느냐에 목표를 두고 가는 것이다.

– 김대중

김대중 전 대통령이 민주화 투쟁 당시 쓴 옥중 서신에 있는 말이다.

우리는 하나같이 인생에서 성공하고 싶어 한다. 그러나 사람들이 외형으로 드러난 삶을 살고 싶어 하는 한 모두가 성공할 수는 없다.

스포츠에서 가장 잘하는 사람은 한 사람밖에 없다. 만약 그대가 등수에 목표를 두었다면, 1등이 되지 않고서는 성공이라 말할 수 없을 것이다. 그러나 운동이 좋아서, 행복해서라면 등수와는 별개로 당신은 이미 자신의 삶에서 성공자가 된 것이다.

우리 사회가 서열이 중시되는 사회다 보니 사는 것이 마치 경마장의 순위 다툼 같다. 'all or nothing' 이다. 이기면 모든 걸 얻고, 지면 아무것도 얻지 못하는 이런 모순의 사회가 오늘날 우리 현실이다.

무엇이 되느냐가 중요한 게 아니라, 어떻게 사느냐가 더 중요하다는 생각이다. 행복은 성적순이 아니다. 순위에 상관없이 자신이 그린 삶대로 산다면, 우리는 모두 인생에서 행복을 만날 수 있다. 남이 나를 어떻게 생각하는가보다는 내가 나를 어떻게 생각하느냐가 더 중요하다. 그런데 우리는 남의 시선을 너무 의식하며 산다. 남과 건건이 비교하고 내 행복에 순위를 매겨 상대적 빈곤함에 시달리는 것이다.

20평 집에 살면서 전혀 문제가 없는데 40평 이웃을 보며 부족하다고 생각하는 우리이다. 어디서건 문제는 지나친 탐욕에 있다. 진부한 얘기지만, 스스로 자족하지 않는 이상 행복과는 요원할 수밖에 없다.

내가 대리면 어떻고, 남이 부장이면 어떤가. 남과의 비교는 자신의 인생에 하등의 도움이 되지 못한다. 대리인가, 부장인가 그 직책이 중요한 게 아니라, 내가 과연 그 일을 통해 행복한가에 초점을 맞추어야 한다. 하고 있는 일이 행복하다면 직위는 부수적인 조건일 뿐이다.

사실 이렇게 말하는 나도 아직은 수행이 덜 되어 늘 비교하며, 원망하며 산다. 그래 봐야 나만 손해인 것을…….

별 70

> 재주가 덕德을 이기지 못한다.
> 덕승재德勝才

– 논어

"용장勇將은 지장智將을 이기지 못하고, 지장은 덕장德將을 이기지 못한다." 근래에는 이 말에다 하나 더 붙여 "아무리 훌륭한 덕장德將이라도 복장福將을 이기지 못한다."라고 변형해서 말한다.

제아무리 뛰어난 무예를 갖춘 용맹한 장수라 할지라도 지략을 갖춘 장수만 못하고, 지혜를 갖춘 장수도 온유한 덕을 갖춘 장수를 이기지 못하며, 덕을 지닌 장수라 해도 복 있는 장수에게는 이길 수 없다는 뜻이리라.

예로부터 용장보다 지장, 지장보다 덕장을 더 높이 평가한다. 근자에 덕장 위에 복장이 있다고 하지만 나는 덕德과 복福은 같다고 생각한다. 덕 있는 자가 복 많은 자다. 남에게 덕을 베풀어 줄 수 있으니 어찌 박복하다 할 수 있는가.

이상하게도 사람들은 주기보다는 받는 것을 더 좋아한다. 받는 것을 좋아하는 사람은 '하인 근성' 또는 '거지 근성'이 많기 때문이라고 생각한다. 거지가 받을 줄만 알지 주는 것을 본 적이 있던가. 무엇보다 줄 수 있기에 주인이 될 수 있고 행복할 수 있다. 세상은 주는 자가 주인이고, 받는 자가 하인인 것이다.

재주는 결코 덕을 이기지 못한다. 가벼운 인간은 작은 재능으로 재주 넘기를 한다. 그러나 재주만 있고 덕이 없다면 필시 적이 생긴다.

배우 문근영이 아름다운 이유는 재능에다 덕이 있기 때문이다. 김연아 선수도 스케이트 재능만 있다면 아름답지 않을 게다. 그녀를 빛나게 하는 건 착한 마음씨다. 박지성이 멋진 이유는 재능에다 겸손함이 있기 때문이다. 반면에 추악한 사람은 재능은 있되 겸손이 없고, 술수가 많다. 덕이 없는 정치인의 말로는 어떤가. 복 없는 말로가 될 것이 자명하다. 복福은 주어지는 게 아니라 만들어 가는 것이다. 이를 작복作福이라 한다.

사람들은 세상의 공명을 얻고자 온갖 재주를 익히며 땀 흘린다. 어쩌면 삶은 재주넘기 70년이다. 돈 버는 재주, 말 잘하는 재주, 글 쓰는 재주……. 누구나 세상 속에 살려면 재주 하나씩 갖추는 게 요긴할 것이다. 요는 재능과 함께 겸비해야 할 것은 덕德이라는 사실이다.

재주가 많아 넉넉히 살더라도, 덕이 없다면 원숭이의 삶과 무엇이 다를까. 비록 재주가 없으나 후덕하다면, 살기는 고달파도 인간의 길을 가는 것 아닐까.

덕이 산山이라면, 재주는 산속에 있는 돌멩이 하나에 불과하다.

별기

> 땅에 넘어진 자, 그 땅을 짚고 일어나야한다.
> 인인지이도자人因地而倒者, 인지이기因地而起.

– 고려 보조국사普照國師 지눌

땅에 넘어진 사람이 넘어진 자리를 짚지 않고 일어설 수 있는가.

넘어진 자, 진흙땅에선 오물이 묻을 것이고, 자갈땅에선 무르팍이 깨질 수도 있겠다. 그러나 스스로 그 땅을 짚고 일어난 사람만이 자기 삶의 온전한 주인이 된다. 땅을 짚지 않고 일어나는 사람은 자기 삶의 주인이기를 포기한 사람일 게다.

내 안에 내가 주인이 못되고, 다른 사람이 주인 노릇을 한다면, 노비와 무에 다른가. 넘어진 자는 더는 잃을 게 없다. 이미 옷은 버렸으니 세탁하면 될 일이고, 생채기도 치료하면 그만이다. 넘어진 자에겐 이제 일어서는 일밖에 남아 있지 않다.

한평생 넘어지지 않고 사는 사람은 없다. 무슨 일을 하든 고난은 있게 마련이다. 자기의 삶은 스스로 개척해야 한다.

넘어진 환경에 순응할 일이다. 나의 처지를 한탄한들 달라질 것은 없다. 자신의 처지에 맞지 않는 허황한 꿈을 꾸는 것은 넘어진 땅을 부정하고 공중 부양을 원하는 것과 다름없다.

우선은 땅을 짚고 일어나라. 그리고 옷에 묻은 흙을 툴툴 털어야 할 것이다. 그리고 난 다음 무엇이 나를 넘어지게 하였는지 면밀히 살필 일이다. 쓰러지게 한 것이 땅에 박힌 돌부리일수도 있고, 풀 넝쿨일 수도 있다. 그렇지만 원래부터 박혀있던 그것들의 잘못은 아니다. 결국, 내가 방심한 탓 아니겠는가.

무슨 일이건 핑곗거리를 찾는 사람이 있다. 핑계 없는 무덤 없다고, 어떤 상황이든 처한 문제를 외부의 탓으로 돌릴 변명은 항상 있다. 하다못해 돌부리 탓, 넝쿨 탓 아니겠는가.

자신 없는 사람은 구실을 찾고, 자신 있는 사람은 방법을 찾는다고 하였다. 남 탓으로 돌리고 분노하고 발길질해본들 어쩌겠는가. 그런 사람이야말로 패배자의 늪에서 영영 벗어날 수 없다. 스스로 일어선 자만이 넘어진 자의 아픔을 알 수 있다. 그리고 타인에게 진정한 도움을 줄 수 있다. 넘어지는 것은 성공의 과정 안에 있는 필수 과목이다. 성공과 실패의 차이는 넘어진 것을 극복했느냐 극복하지 못했느냐의 작은 차이이다.

인생에서 문제가 발생했을 때 우리는 두 가지 선택을 할 수 있다. 하나는 그 문제로부터 회피할 것인가, 아니면 그 문제를 극복할 것인가이다.

가장 좋은 방법은 넘어진 그 땅을 스스로 짚고 일어나는 것이다.

별 72

> 배는 항구에 있을 때 안전하다.
> 하지만 항구에 있기 위해 만들어진 것은 아니다.
>
> – 호주 격언

범인들은 안전한 삶에서 평안함에 취하여 자신을 잊고 싶어 하고, 비범한 사람들은 불안전한 모험에서 완전한 자신을 발견하고 싶어 한다.

배는 거친 바다 위에서 제 역할을 하기 위해 존재한다. 파도와 폭풍을 이기고 항해하는 배가 본연의 모습이지 정박해 있기만 하는 배는 조형물에 불과하다. 사람이 안전함만 추구하고 도전 없는 삶을 산다면 인형보다 나을 게 무언가. 안전한 속도, 안정된 직장, 안락한 집…….

고생은 사서도 한다고 하였다. 사람은 고행을 통해 거듭나는 것 같다. 편리함 속에서는 더 큰 세상을 꿈꿀 수 없다. 온실 속에 있는 화초를 밖에 옮겨 놓으면 기온 차에 못 견뎌 죽고 만다. 집토끼는 울 밖의 삶을 알 수 없는 법이다. 조롱 속에 새, 어항 속에 물고기, 애완견……. 그대가 안전함을 추구하는 게 이와 같다고 생각하면 결코 안전이 행복이라고 생각지는 않을 것이다.

새가 창공을 차고 나가 유유히 비행했을 때 가장 아름답지 않겠는가. 물고기는 한 평도 되지 않는 비좁은 어항 속이 아니라, 끝도 시작도 없는 바닷속을 그리워하지 않을까. 때 되면 사료를 먹여주고 배설물을 치워준다 해서 새장 안에 있는 새가, 물고기가 더 좋아 보이지 않는다.

안전함을 바라는 사람은 사육되기를 원하는 사람이다. 안전하기로는 평생을 갇혀 지내는 비육 돼지가 가장 안전하다. 섬에 격리된 감옥이 거친 사회보다 어쩌면 더 안전하다.

그러나 세 끼가 보장된 비육돈을 과연 행복하다고 하는 사람이 있을까. 오히려 때론 불편하지만, 세상 속에서 자유롭게 유영하는 삶이 우리를 행복하게 하고 다시 태어나게 하는 것이다.

빙판길을 걸을 때 안 넘어지려고 조심조심 걷는 것보다 위험을 감수하고 미끄럼 타는 것이 더 안전하다.

태풍에 닭은 날개를 움츠리지만, 독수리는 날개를 펴서 날아간다. 온실 속의 닭이 될 것인가, 창공을 유유히 휘젓는 독수리가 될 것인가.

젊다는 것은 도전을 무서워하지 않은 정신을 말한다. 도전을 두려워하는 사람은 이미 젊음이 아니다.

별 73

> 사자의 꼬리가 되기보다는 개의 머리가 되는 것이 낫다.
> Better to be the head of a dog than the tail of a lion.

– 영국 속담

우리 속담에도 비슷한 말이 있다. '용의 꼬리가 되지 말고 뱀의 머리가 되라.' 동서가 공히 강조하는 데에는 이유가 있을 터이다.

집단의 꽁지가 되는 사람은 평생 꽁지일 수밖에 없다. 작은 성취가 쌓이고 쌓여 큰 성취가 된다.

느닷없이 큰 성취를 이룰 수 있는 사람은 없다. 성공한 사람들 모두에게 물어보라. 그들에게 아마추어 시절을 거치지 않고 온 사람이 있는지. 그러한 사람은 단 한 사람도 없을 것이다.

대통령을 시켜준다고 처음부터 해낼 수 있는 사람이 있을까. 하다못해 동네 이장이라도 해본 가락이 있어야 큰 나랏일도 할 수 있을 것 아니겠는가.

고기도 먹어본 놈이 맛을 알고, 권력도 쥐어 본 놈이 쓸 줄 안다고 했다. 작은 모임에서 머리가 되었던 사람이 큰 모임에서도 리더가 될 수 있다.

외향이 번쩍번쩍 크고 화려한 단체, 직장, 학교에서 주어진 작은 역할을 하는 것도 나쁘진 않다. 그렇지만, 작고 척박한 단체에서 더 많은 역할을 하는 것에 두려워하지 마라.

전에 나는 대기업에 다닌 적이 있었다. 외부에서 보았을 때는 으스댈 정도로 화려한데 정작 내 일은 그야말로 단순노동이었다. 업무의 영역이 자로 잰 듯이 분명하여 내가 맡은 일 이외에 배울 수 있는 것이 거의 없었다. 당장은 편할지 모르나 인생을 배우기에는 턱없이 부족하였다.

그 뒤 소기업에서 일할 기회가 있었다. 그곳에서는 모든 업무를 관장

해야 하는 어려움이 있었지만, 더 많이 세상을 접하고 배울 수 있었다.

리더의 역량에 따라 한 집단을 유약하게도 하고, 강하게도 한다. 집단의 힘은 리더에 따라 늘 유동적이다. 개의 무리에 우두머리가 되어 사자의 무리처럼 용맹한 집단을 만들면 된다. 히딩크의 리더십을 상기하자. 우리의 축구 실력이 2002년 당시에 세계 4위에 있지 않았다. 사자의 무리가 아니었다는 뜻이다. 그러나 우리는 훌륭한 조련사에 의해 마치 호랑이의 무리처럼 변모되었다는 사실을 잊지 말아야 한다.

겉으로 드러난 화려한 것을 보기 이전에 내실을 보아야 한다. 작은 집단이라도 리더가 된 사람은 리더의 수준에서 생각하고 판단한다. 그러나 늘 꽁지였던 사람은 전체를 조망하지 못하고 아래에서 벌어지는 자잘한 수준 이상의 사고를 할 수 없는 것이다.

'차라리 닭의 부리가 될지언정 소의 꼬리는 되지 마라.(寧爲鷄口, 勿爲牛後)

전국책戰國策에 실린 말을 상기할 일이다.

별 74

> 만약 당신이 고민하는 것이 있다면 다음 세 가지 방법으로 해결해보라.
> 1. 벌어질 최악의 상황이 무엇인지 생각해 볼 것.
> 2. 그것을 받아들일 각오를 할 것.
> 3. 그리고 침착하게 최악의 상황을 개선해 갈 방법을 진행할 것.
>
> – 데일 카네기

나는 어떠한 문제에 봉착했을 때 그 문제로 말미암아 벌어질 최악의 상황을 먼저 생각한다. 이십 대에 강철 왕 카네기의 책을 자주 읽곤 하였는데 이 말이 나의 가슴에 파고들었다.

가장 좋지 않은 상황을 염두에 두면 나중엔 오히려 마음이 편해져 여유가 생긴다. 이후 그 문제 때문에 벌어지는 일들이 오히려 작아 보이기까지 한다.

우리는 어찌 되었든 두 가지의 갈림길에 선다. 벌어진 상황을 거부할 것인가, 아니면 받아들일 것인가.

내 생각은 이렇다. 그 문제로 벌어지는 일들을 맹렬히 거부하기보다는 차라리 상황에 순응하라고. 그리고 만약 내가 책임이 있다면 응당한 대가를 각오하는 편이 더 낫다고.

최악의 상황을 이미 인정해놓은 상황이라면 그 혹독한 상황을 어떻게 하여 조금이라도 줄여나갈까를 고민한다.

이는 상황을 거부하는 것과는 근본적으로 다르다. 인정하되 할 수 있는 범위 안에서 좋은 방향으로 개선책을 마련하는 것이다.

대부분은 최악의 상황을 염두에 두었는데도 최악의 상황은 벌어지지 않아 오히려 감사의 마음을 갖게 한다. '이만해서 정말 다행이다.' '신의 은총이다.' 라는 생각이 절로 드는 것이다. 설령 최악의 상황이 도래해도 이미 예측을 하고 마음의 준비가 되어 있으므로 큰 충격에서 벗어날 수 있다.

사실 인간이 감당하지 못할 일이란 거의 없다. 나에게 벌어진 일이 텔레비전 뉴스에나 나옴 직한 특별한 경우라도 나보다 더 심각한 사람들의 예는 무궁무진하다. 나만 혹독한 것 같지만, 주변을 둘러보면 나보다 훨씬 심각한 경우가 많다.

그러니 어떠한 상황이 벌어질 때에는 아래를 바라보는 자세가 필요하다. 나보다 못한 사람, 나보다 부족한 사람을 보아서 그나마 다행으로 생각하여야지 위만 바라본다면 자멸의 길이 따로 없다.

카네기의 '고민봉착해결법' 을 삶에 잘 응용한다면 여유 있는 사람이 될 것으로 믿어 의심치 않는다.

별 75

> 이 세상엔 두 부류의 인간이 있다.
> 한 부류의 인간은 자기 길을 가는 인간이고,
> 다른 한 부류의 인간은 그 길을 가는 사람에 대해 말하며 사는 인간이다.

– 니체

누가 뭐라 해도 묵묵히 꿈을 향해 가는 사람이 있다. 모든 관심사가 자신의 꿈에 집중되어 있다. 아침에 일어나 꿈을 생각하고, 낮에는 꿈을 향해 가고, 밤엔 꿈을 꾼다. 그야말로 꿈길을 걷는 자이다.

그런가 하면, 끊임없이 다른 사람에 대해 말하며 사는 사람이 있다. 정작 자신의 꿈은 없다. 설령 있다 해도 수시로 바뀐다. 귀가 얇아 어떤 사람이 이것이 좋다고 하면 이쪽으로 혹하고, 저것이 좋다고 하면 그쪽으로 혹한다. 바람에 흔들리는 갈대 같다.

대개 이런 사람들은 텔레비전을 끼고 산다. 연예인들의 일거수일투족을 마치 집안일이나 되는 양 얘기하고 가십으로 삼는다. 도대체 연예인들의 연애와 결별, 결혼과 이혼이 무에 그리 대순가 말이다. 자신의 인생

에 아무런 도움이 되지도 않는데 마치 내 일인 것처럼 호들갑을 떤다.

이런 부류의 사람들은 자신 안에 중심이 없다. 속이 텅 비어 있어 작은 바람에도 흔느적거린다. 여론과 미디어에 오도당하기 딱 좋은 타입이다. 유행에 민감하여 누가 뭐를 입었네 하면 따라 하기 바쁘다. '따라쟁이'가 따로 없다. 남에게 보이는 것에 광적으로 신경을 쓴다. 신념도 없고, 의지도 없다.

꿈을 꾸는 사람은 자신에게 부여된 시간이 늘 아까워 남의 일에 신경 쓸 여력이 없다. 한 가지에 집중하는 사람이 잡다한 것들을 대단한 소식인 양 떠벌이지도 않을 것이고 머리에 담아둘 공간도 없다.

크든 작든 하나의 성취를 했던 사람들을 가만 생각해보라. 일테면 고

시에 합격한 사람이라든지, 수능에 우수한 성적을 낸 사람이라든지……. 그들이 텔레비전을 끼고 살던가. 라디오, 인터넷을 광적으로 좋아하던가. 연예인의 사생활을 떠벌이던가.

사람의 머리에는 옹기 하나가 들어 있어 그 속에 채울 수 있는 용량에 한계가 있다는 생각이다. 물론 사람마다 옹기 크기는 조금씩 차이가 있겠지만 말이다. 옹기가 차면 더는 집어넣을 공간이 없다. 기어이 집어넣으려면 옹기 안에 무언가 필요 없는 것을 빼내야 비로소 공간이 확보된다. 무엇으로 그 속을 채울 것인가는 스스로 몫이다. 잡다한 것으로 꾹꾹 채워 넣든지 실속 있는 것으로 채워 넣든지.

자기 자신의 길을 가는 사람이길 바란다. 여럿이 가도 좋고, 무소의 뿔처럼 홀로 가도 좋다. 화려한 주변에 오감을 빼앗기지 말고, 오감을 극복하는 사람이 되자. 꿈을 꾸는 사람은 꿈에 대한 얘기에 집중할 뿐, 꿈을 찾아가는 사람에 대해 옳으니 그르니 미주알고주알 얘기할 필요가 무엔가.

자신을 스스로 벗 삼아,
인내를 스승 삼아 꿈길을 가자꾸나.

6 행·복

행복은 목적이 아니라 부산물이다.

– 엘리너 루스벨트

행복하자면 두 가지 길이 있다.

'욕망을 줄이거나', '소유물을 늘리거나'.

– 벤자민

별 76

> 인간이 추구해야 할 것은 돈이 아니다.
> 항상 인간이 추구해야 할 것은 인간이다.

– 푸시킨

너무나도 당연한 말인데 현실은 그렇지 못하다. 이 사회는 돈이 있어야 인간 구실을 하고 돈이 있어야 인간 대접을 받는다. 슬픈 현실이다. 가난은 패배자의 다른 이름이다. 참 못난 세상이 아닐 수 없다.

자본주의.

돈이 우상화되고 최고선인 양 환대 받는 게 자본주의의 생리다. 계급도, 지위도 명예도, 권세도 돈이 점령한 지 이미 오래다.

사회의 가치는 모두 돈을 최고로 삼는다. 꿈꾸는 게 돈이요, 성공도 돈이요, 명예도 돈이요, 권력도 돈이다. 돈을 위해 공부하고 직장을 다니고 사업을 하고 정열을 바친다. 심지어는 혼인까지도 돈으로 결탁한다.

어찌 보면 인간만큼 한심한 동물이 또 있을까 싶다.

최고의 가치가 자본이다 보니 도덕이니, 윤리니, 진리니, 철학이니, 문학이니 이런 가치가 남아 있을 턱이 없다. 아니 남아 있기는 하되 그것들이 자본주의 애완견이 된 지는 이미 오래다.

경제논리만 난무하고 흉악한 사건들은 노상 일어난다. 그때마다 교육의 부재를 들고 나서지만, 여전히 사회는 거대한 자본으로 시스템화되어 버렸다.

동방예의지국이라 했다지. 예의는 이미 자본이 먹어 치우고서 배설까지 한 지 오래다.

'그래도 지구는 돈다.' 갈릴레오의 혼잣말처럼 푸시킨의 말은 여운을 준다. 왜냐면 아무리 부정하여도 지구가 도는 것처럼 진리의 말이기 때문이다.

"돈만 보고 일하지 마라. 참다운 가치를 믿지 않는 일을 하면서 돈을 버는 것은 영혼을 파는 것과 같다."

신화학자 조셉 캠벨의 심각한 충고이다.

알렉산더 대왕은 유언에서,

"내가 죽어 땅에 묻을 때 손을 밖으로 꺼내 사람들이 볼 수 있도록 해주시오. 천하를 움켜쥔 자도 죽을 때는 빈손이라는 것을 사람들에게 알려주고 싶으니까."라고 했다.

우리가 그토록 추구했던 돈도, 명예도, 권세도 가져갈 수 있다면 얼마나 좋겠는가 말이다. 아무것도 가져갈 수 없는 물질에 집착하면 할수록 더욱 초라해지는 것이다.

인간은 오직 인간이 되는 것을 꿈꾸고, 인간이 되는 교육을 받아야 한다.

여전히 우리는 인간이기를 포기하며 살아야 하는가. 인간으로 되돌아가야 하는가.

어느 학자의 말이 가슴을 후빈다.

"나는 돈을 버느라 내 인생을 허비할 여유가 없다."

별 77

> 행복의 조건 세 가지
> 1. 사랑하는 사람과 함께 있을 때
> 2. 자녀들에게 존경을 받을 때
> 3. 노동의 산물을 이웃과 함께할 때

– 마르크스

마르크스는 자신이 행복할 때를 말하였는데, 지금 시대에도 공감되는 바가 적지 않다. 행복은 거창한 게 아니다. 또한, 그리 어려운 일도 아니다. 쉬우면서도 소박하고 누구나 조금만 노력하면 되는 것들이다.

첫째, 사랑하는 사람과 함께하는 것. 사랑하는 이가 연인, 또는 아내일 수도 있다. 아니면 부모, 자녀일 수도 있고 벗일 수도 있으며 자신이 믿는 신앙일 수도 있다.

사랑하는 이와 함께 있음은 설레는 일이다. 어디에 있든지 말이다. 설령 지옥에 있더라도 사랑하는 이와 함께 있다면 행복할 것이다.

둘째, 자녀들에게 존경을 받을 때 행복하다. 존경받는 부모가 어디 쉬운 일인가. 존경은 고사하고 좋아해 주기만이라도 해주었으면 좋으련만. 반려자에게 호평받기도 쉽지 않은데 자녀들에게 존경을 받기란 그리 쉬운 일이 아니다. 나는 내 아이들이 존경은 고사하고 이해나 해주었으면 하고 바라는 때가 많다. 그것만으로도 행복할 텐데 말이다.

셋째, 자신이 땀 흘려 얻은 산물을 이웃과 함께할 때 행복하다. 나누는 행복, 떡 한 쪽, 과일 한 조각도 혼자 먹는 것보다 나누어 먹으면 더 맛있다. 같은 밥상이라도 나 혼자일 때와 여럿이 함께하는 음식 맛이 다르듯, 나의 노동으로 얻은 먹을거리를 나누었을 때 진정 우리는 행복하다.

물질이 많아야 행복할 것 같아도 실상 물질은 행복의 조건은 될지언정 행복 자체를 결정짓지는 않는다. 도리어 지나친 물질은 행복의 걸림돌이 되기도 한다. 물질이 많다는 것은 그만큼 번민도 많을 테니까 말이다. 그러고 보면, 우리가 가는 방향이 틀렸는지도 모른다. 혹여 우리 삶이 행복으로 가는 길과 정반대로 치닫고 있지는 않은지 모를 일이다.

《전국책戰國策》에 나오는 이야기가 있다. 위魏나라 사람 계량季梁이 임금의 잘못된 결정을 고치게 하려고 비유를 들어 설득하는 대목이 나온다.

> 이번에 제가 오면서 거리에서 어떤 사람을 보았는데, 그 사람은 수레를 북쪽으로 향하고 출발하려고 하면서 저에게는 "초나라에 가려 한다." 고 말했습니다.
>
> "초나라로 간다면서 왜 북쪽을 향해 출발하는 거요?" 하고 물었더니

그 사람이 "내 말은 천하 명마라서 괜찮소."라고 하는 겁니다.

"그래도 길을 잘못 들었으니 살펴 가야 하지 않겠느냐."라고 했더니, "여비가 넉넉하여 걱정 없소."라며 괜찮다고 하였습니다.

재차 길을 잘못 들었다고 충고하니, 이번에는 그가 하는 말이, "좋은 마부가 있으니 염려 마시오."라는 겁니다.

그 사람은 자랑하는 것들이 좋으면 좋을수록 초나라에서 더 빨리 멀어지고 있었습니다.

우리는 어쩌면 이 사람처럼 훌륭한 조건을 가졌음에도 방향을 잘못 가는 것은 아닌지 생각해보아야 한다.

행복이 마치 물질이, 권세에 있다고 생각하여 정작 중요한 일에는 소홀히 하는 것은 아닌지 재고해 봐야 할 일이다. 행복은 실상 아주 소박한 곳에 있는데 말이다.

별 78

> 내가 편할 때 누군가가 그 불편함을 견디고 있으며,
> 내가 조금 불편할 때 누군가는 편안할 것이다.

– 인터넷

인터넷에서 발견한 보석 같은 말이다.

'give & take' 의 거래 원칙은 상거래뿐 아니라 업무에서도 예외가 될 수 없다. 일한 만큼 받는 것은 당연하다. 그러나 대부분 사람은 덜 일하고 더 많이 받으려고 한다. 더 많이 일하고 덜 받으려는 사람이 있을까. 아마 한 사람도 없을 게다.

일이란 것은 나 아닌 누군가와 연결된 상호의존성이 있다. 내가 업무를 미흡하게 하면 그만큼 다른 사람이 감내해야 한다.

반면에 훌륭하게 내 업무를 처리하고 다른 사람의 일까지 거들어준다면 나로 말미암아 누군가는 편해질 것이다.

손해 보는 짓을 왜 하느냐고, 자원봉사 하러 왔느냐고 반문할지도 모

르겠다. 역발상으로, 직장생활을 '자원봉사 온 사람' 처럼 하면 어떨까. '손해 보는 장사' 처럼 하면 어떨까.

누군가에게 도움을 주는 게 보시이고 공덕이다. 일부러 시간을 내어 고아원, 양로원, 봉사 단체를 찾아 선행하는 것도 좋지만 도움이 필요한 내 주변에 마음을 나누어 주는 일상에 녹아있는 보살행이 더 아름답게 느껴진다.

거꾸로 생각하면 직장은 오히려 덕을 쌓을 수 있는 도량이요, 기회이다. 그러니 자원봉사도 아니고, 손해 보는 장사도 아니다. 복 짓는 일作福이고, 이문이 많이 남는 장사다. 작은 생각의 차이가 지옥이 되기도 하고 천국이 되기도 한다.

마음, 따뜻한 마음으로 접근하면 모든 게 풀린다. 인간이 아름다운 이유가 무얼까. 이해 타산적 삶이 아닌 나누는 마음으로 살기에 아름다운 것은 아닐까.

직장 동료를 배려하는 마음, 감사하는 마음……. 마음을 표현하는 데 있어 '자비慈悲' 라는 말이 있다. 자慈는 사랑하는 마음이며 중생에게 즐거움을 주는 마음이다. 비悲는 불쌍히 여기는 마음이며 중생의 괴로움을 덜어주는 마음이다. 같은 공간에서, 동同시대에, 가장 많은 시간을 함께 하는 동료에게 자비심을 내지 않으면 과연 누구한테 내야만 하는가.

별 79

> 가난은 죄가 아니라 다만 불편할 뿐이다.
>
> – 명언

'이 세상의 것을 모두 다 준다 해도 단 한 사람의 욕망을 채울 수 없다.' 간디가 말했다던가. 사람의 욕망은 한도 끝도 없다. 99개를 가진 부자가 하나를 더해 100개를 만들려고 아등바등한다.

단 한 사람의 욕구도 만족하게 하지 못하는 세상인데 모두가 만족할 수는 없는 법이다. 그러니 사람들끼리의 경쟁은 필연적이고 더 많이 소유하기 위해 남을 이겨야 하는 치열한 쟁탈의 세상에 놓이게 된다. 정글의 법칙처럼 그야말로 강한 자만이 살아남는 세상이다.

가난은 죄가 아니라 다만 조금 불편할 뿐이라고 하는데 솔직히 조금 불편한 게 아니라 많이 불편한 게 사실이다. 오늘날엔 가난이 불편함을 넘어 고통이다.

인생이 돈이 전부가 아니라고 항변하여도 실은 전부는 아닐지언정 큰 부분인 것만은 부인하기 힘든 현실이다. 그러니 어쩌랴. 죽을 때까지 돈, 돈, 돈……. 하다가 끝낼 것인가.

법정 스님의 '무소유의 철학' 을 음미해 볼 필요가 있다.

우리의 방향은 매우 잘못되었다. 진리를 향하는 게 아니라 오욕을 향하고 있는 것처럼 보인다. 방향이 어긋나 있기 때문에 가난이 죄가 되고 불편하기 짝이 없다. 가난은 그저 가난일 뿐이다. 죄도 아니고 치욕도 아니다.

누군가를 짓밟아야 내가 부유해진다면 차라리 못사는 게 낫다. 진정 가난한 자는 가진 게 적은 사람이 아니라 마음이 빈한한 사람이다.

역으로, 아무것도 소유하고 있지 않다면 세상 모든 곳이 내 거처이고 내 마당이 된다. 집착이 없으니 걸림이 없다. 무언가를 소유하면 할수록 집착은 커져만 간다.

단연코 부자를 꿈꾸는 세상은 일부 사람만 승리하는 세상이다. 모두가 승리하는 유일한 방법은 덜 먹고, 덜 쓰고, 덜 소유하는 마음이다.

사람들은 가난을 비극이라고 한다. 그러나 가난 자체가 비극이 아니라 가난을 비교하기 때문에 비극이 생긴다.

윤오영 작가는 말하였다.

"가난한 것이 비극이 아니라 가난을 이기지 못하는 것이 비극이다."

별 80

> 같은 물을 마셔도 소가 마시면 우유가 되고 뱀이 마시면 독이 된다.
>
> – 《법구경》

똑같은 일도 누가 하느냐에 따라 이로움을 줄 수도 있고 해로움을 줄 수도 있다. 우리에게 중요한 건 어떤 부류의 사람이 될 것인가이다.

사람은 만들어진 존재가 아니라 만들어가는 존재이다. 어떻게 사느냐에 따라 성자도 되고 살인자도 된다. 또 때론 살인자였다가도 아라한이 될 수 있는 게 사람이다.

사람은 고정되어 있지 않다. 어떤 계기로 말미암아 개과천선하기도 하고 망가지기도 한다.

어떻게 살아야 독이 아닌 우유를 만들 수 있을까. 답은 아주 명쾌하다. 착하게 살면 된다.

옛날 중국에서 백낙천이라는 유명한 시인이 낙향하면서 나뭇가지 위에 앉아 있는 도림 선사(조과鳥菓선사라고도 함)께 가르침을 달라고 하였다.

그러자 선사는 "착하게 살아라."라고 말하였다.

그는 너무 평범한 답에 실망하여 "에이, 그건 세 살짜리 아이도 아는 말입니다."라고 하자, "세 살짜리 아이도 알지만, 팔십 먹은 노인도 하기 어려운 일일세."라고 말하였다고 한다.

어떻게 해야 착하게 사는 걸까. 이 또한 답은 단순명료하다. 남에게 해害를 주지 않는 삶, 남에게 이로움을 주는 삶이면 된다.

불가에서는 자리이타自利利他라는 말로 풀이한다. 자기 자신에게 이롭고 남에게도 이롭게 하라는 의미이다. 나만을 생각하는 것은 탐심이고 치痴심이다.

스스로에겐 하늘을 우러러 한 점 부끄럼 없는 삶을, 타인에겐 이타행利他行을 실천하는 삶을 살아야 한다.

자비의 마음자리에서 착한 마음이 나온다. 이는 마치 맑은 옹달샘을 지니는 것과 같다. 자비의 옹달샘, 퍼주고 퍼주어도 샘물은 넘쳐날 것이다.

모든 답은 세 살배기도 알만큼 너무 간단하다. 다르마(Dharma, 法, 진리)는 항상 어렵지 않다. 단지 행하기가 어려울 뿐.

'아침 이슬을 독사가 먹으면 독이 되고 벌이 먹으면 꿀이 된다.' 탈무드의 말이다. 그대는 어떤 사람이고 싶은가?

별 81

> 내가 바라는 것이 있다면,
> 내가 있으므로 해서 이 세상이 더 좋아졌다는 말을 듣는 것이다.
>
> – 링컨

이토록 아름다운 말이 있을까. 나는 이 말을 떠올릴 때마다 동구 앞에 서 있는 한 그루 큰 정자나무가 생각난다.

지치고 힘든 사람들이 잠시 마음을 내려놓고 쉬어가는 곳. 새들이 집을 지어 생명을 양육하고, 매미가 한 시절을 시원스레 보내는 곳. 나무 하나가 근처의 세상을 얼마나 좋아지게 하는지.

큰 사람은 언제나 넓은 관점으로 산다. 자신만이 잘 먹고 잘살자가 아니다. 자신의 식구만이, 친인척만이, 자신의 국가만이 잘 먹고 잘살자는 게 아니다. 그들의 시선은 항상 세상 모두에게 있다.

부처도, 예수도, 공자도 응시처는 세상이었다. 성인들의 관점은 이렇게 거시적이다.

우리는 어떤가. 매우 협소하고 미시적이다. 멀리 보지 못하고 당장 벌어진 일에 급급하다. 통으로 보는 눈과 식견이 없다. 장님이 코끼리 만지듯이 일부분의 세상을 전부인 양 옳다고 생각하며 판단한다. 속해있는 특정 집단만의 이익에 혈안이다. 그러니 이해가 충돌하고 분쟁이 발생한다.

헤르만 헤세는 이런 말을 했다.

"나는 쉽고 편안하게 사는 법을 알지 못했다. 하지만 한가지만은 늘 내 마음대로 할 수 있었다. 그건 바로 아름답게 사는 것이다."

아름답게 사는 것은 소위 돈을 목적으로 사는 게 아니다. 대부분의 아름다운 일은 돈이 따르지 않는 일에 있다. 아름다운 일이 많으면 많을수록 인생이 풍요로워질 것은 자명하다.

나는 언제나 아름다운 일을 하는 내가 되었으면 좋겠다. 하여 세상이 좀 더 맑아지고 나아졌으면 좋겠다. 이승과 작별할 때, 나로 말미암아 세상이 더 나아졌다는 얘길 들으면 얼마나 좋을까.

재산을 많이 남겨서 가는 것은 몇 안 되는 상속인에게는 좋겠지만, 만인에게 좋은 일이 아닐 터. 다수의 축복을 받으며 떠날 수 있는 삶이라면 참으로 좋겠다.

이 세상이 더 좋아지게 하려면 어떤 삶을 살아야 할까. 이타적 행에 초점을 두면 더 좋아지게 하지 않을까. 거창한 것을 찾으려 할 게 아니라 작은 것부터 시작하자. 나의 어긋난 삶부터, 가까운 이웃부터, 인연 지어진 사람들부터 맑은 미소 하나만이라도 줄 수 있다면 세상은 더욱 좋아지리라.

별 82

> 배부르고 따뜻하면 음욕이 생각나고,
> 굶주리고 추우면 도심道心을 발한다. 飽煖 思淫慾, 飢寒 發道心
>
> – 《명심보감》 '성심편'

며칠을 굶주렸던 노숙자가 어느 날 봉사 단체의 도움으로 기거할 숙소가 생기고 배불러지니 이제 여자가 생각나더라고 하는 말을 들었다.

인간의 욕망은 한이 없다. 당장은 주린 배를 채우는 게 목적이고, 그 욕구가 충족되면 따뜻한 방 안에서 등 대고 잠자고 싶은 게 인지상정이다.

식욕이 채워지면 수면욕이 생기고, 수면욕이 채워지면 성욕이 생긴다. 성욕이 채워지면 또 무슨 욕구가 생길까. 또 다른 욕구가 생겨날 것은 틀림없는 사실이다.

인간의 본능적 욕구는 채우면 채울수록 갈증에 허덕인다. 욕구가 전혀 없는 것 또한 바람직하지 않지만, 욕구에 집착하는 것 또한 문제가 아닐 수 없다.

도道를 좋아하는 이는 욕구를 스스로 멀리한다. 금욕하고, 수면욕을 떨치는 수행을 하며, 금식을 한다.

사실 인간이 욕구를 억제하지 하지 못한다면 짐승과 다를 바 없고, 스스로 억제하면 도인道人이라 할 수 있다.

불음不淫을 해야 하는 스님들, 잠의 욕구를 이겨내는 육경신 수행자들, 성령을 받기 위한 목자의 금식들……. 그들이 왜 욕구를 경계하는지 가만 살펴보면 답이 있을 성싶기도 하다.

나는 얼마 전부터 1일 1식을 하고 있다. 배불렀을 때는 애욕에 대한 갈증이 많았었는데 밥을 한 끼만 먹다 보니 신기하게도 이 욕구가 사라져버렸다.

'애욕을 거두는 가장 좋은 방법은 배를 비우는 것이다.'

정말 몸으로 체득한 말이다. 성욕은 식욕 다음으로 온다고 한다. 성욕은 '밥심'에서 생겨나는 것 같다. 정력精力의 '精'자는 쌀米에서 기인한다고 한 말이 틀린 말이 아니었다. 굶주림에 허덕이면 성욕은 없다. 왜 선인들은 등 따습고 배부르면 수행이 안 된다고 했는지 그 말의 깊은 뜻을 이제야 조금 체득한 셈이다.

내가 이런 수행을 작심한 것은 뭐 거창한 깨달음을 위해서가 아니다. 그저 내 몸을 욕망에 끄달리게 하고 싶지 않을 뿐이다. 내 몸은 내가 주인임을 확인받고 싶었다.

본능에 따라 사는 세상 사람들은 오히려 성욕을 부추기는 음식과 약물에 환호한다. 이런 삶을 탓하고 싶지도 않고 찬양하고 싶지도 않다. 삶을 이해하는 방식이 다르니까 말이다.

그러나 때때로 욕구를 스스로 억제하여 진정 내 안의 주인이 누구인가 확인할 필요도 있지 않을까 생각해본다. 내 안에 '참나'를 발견하기 위해선 욕구를 차단하는 것만큼 좋은 수련이 있을까 싶다. 아니, 욕구를 이겨내지 않고서는 결코 '참나'를 볼 수 없다고 장담한다.

"올바른 사람은 자신이 욕망을 조절하지만, 올바르지 못한 사람은 욕망이 자신을 조절한다."

《탈무드》의 말이 큰 울림으로 다가온다.

인생은 짧고 도道는 영원하다.

별 83

> 인생에서 세 가지 평생을 좌우할 큰 선택이 있다.
> 첫째 평생을 바칠 직업, 둘째 평생 함께할 반려자,
> 셋째 평생 마음을 나누는 벗이다.

– 어느 철학 강연에서

인생은 매 순간 선택의 연속이다. 중요한 선택이든, 미미한 선택이든 언제나 선택을 해야 하는 게 인생이다. 인생 전부를 놓고 보았을 때 평생을 좌우할 큰 세 가지 선택이 있다.

첫째로 평생의 업을 선택해야 한다. 사람은 직업을 통해 자아를 드러내고 실현한다. 일을 통해 사회와 연결되고, 세상으로부터 받은 공덕을 되갚기도 한다.

어느 철학자는 직업을 구하는 데 자문해야 할 세 가지를 설파하였다.

선택할 직업이 이 사회에 유익한가?

선택할 직업을 통해 자아실현을 할 수 있는가?

선택한 직업으로 나와 식솔들의 호구책이 될 수 있겠는가?

이 세 가지를 고려하여 신중하게 직업 선택을 하라는 것이다.

나는 이 말에 상당히 공감하고 있다. 직업은 자신의 정체성이다. 어떤 직업은 세상을 빛나게 하는 직업이 있는가 하면, 어떤 직업은 세상을 오염시키는 직업이 있다.

이래서 우리는 옳은 가치관이 필요하다. 사람들은 직업을 선택하는 데 있어 오로지 연봉이 많은 곳, 편하게 벌 수 있는 곳을 으뜸으로 친다.

그러나 올바른 직업관은 돈이 최고의 기준이 될 수 없다. 아무리 돈을 많이 주기로 서니 악한 업을 짓는 일이라면 자신을 수렁으로 내모는 것과 같다.

일테면, 마약상을 한다든지, 인신매매를 한다든지, 짝퉁제품을 만든다든지, 불량식품업에 종사한다든지……. 이는 직업이라기보다는 범죄이다. 근래에 해악을 끼치는 직업이 너무 많다.

'과연 이 직업이 이 사회에 이로운가?' 제일 먼저 염두에 두어야 할 관점이다. 그리고 난 다음 자신을 키울 수 있는 직업인지 유심히 살펴보고, 경제논리도 생각해 볼 일이다.

두 번째, 인생에서 평생을 좌우할 선택은 반려자를 찾는 일이다. 인생에서 반려자를 구하는 것만큼 중요한 일이 또 어디 있을까 싶다. 제2의 탄생이라고까지 말하는 혼인은 인류의 역사다. 왜 아니겠는가. 혼인하고 자녀를 두고 그 자녀가 또 자식을 둘 것이고…….

혼인한다는 것은 단순한 개인사라기보다 인류의 역사를 만드는 일이다. 거창하게 역사 운운하지 않더라도, 개인사에서 운명을 흔드는 대단

한 사건이 곧 반려자와의 만남이다.

셋째로는 벗을 선택하는 일이다. 나를 알아주는 평생 벗이 있는 사람은 얼마나 행복할까. 같은 시대에 살면서 마음이 통하는 지기를 만난다는 것은 큰 행운이다. 반려자가 애정을 기반으로 본능적, 육체적 만남이라면 벗은 지극히 정신적인 반려자다.

지음知音이란 말이 있다. 음악을 잘 알아듣는 사람이란 뜻이다. 옛날 거문고 명인 백아에게는 자기의 소리를 잘 이해해 준 벗 종자기가 있었다. 그런데 종자기가 죽자 세상엔 자신의 거문고 소리를 아는 자가 없다고 거문고 줄을 끊었다는 고사에서 유래하는 말이다.

평생을 같이할 지음을 만나기가 쉬운 일이 아니다. 하지만 그런 벗을 찾으려 하기보다는 자신이 그런 벗이 되고자 한다면 틀림없이 지음은 나타날 것이다.

나는 도반道伴이란 말을 좋아한다. 도를 구하는 데 함께하는 벗이라는 뜻이다. 일종의 동문수학하는 벗을 말한다. 진정 좋아하는 공부를 함께 하는 도반은 선의의 경쟁도 될뿐더러 나를 훌륭하게 이끌기도 한다. 도반이 있어 늘 나를 자라나게 하는 것이다.

별 84

> 감옥과 수도원의 공통점은 세상과 고립되어 있다는 점이다.
> 차이가 있다면 불평하느냐, 감사하느냐 그 차이뿐이다.
>
> – 마쓰시타 고노스케

감옥과 수도원의 차이는 자의에 의한 고립인가 아닌가에 달렸다. 타의에 의한 고립이라면 불평할 것이고 스스로 고립이라면 감사할 일이다.

설령 감옥에 있다 하여도 죄를 참회하고 감사하는 생활을 한다면 그는 수행자와 같다. 반면에 스스로 수도원에 속해 있다 하여도 불평을 한다면 감옥살이와 진배없다.

세상을 대할 때 감사함으로 대하느냐 그렇지 않으냐에 따라 수도원도 되고 감옥도 된다. 불평불만이 많은 사람은 이 세상이 감옥살이요, 지옥일 것이다. 그러나 감사하는 사람은 이 세상이 천국이요, 극락이다.

어차피 인간은 '지구'라는 별에 갇혀 있는 존재다. 제아무리 자유를 구가하는 사람도 지구 내에서만 가능한 일이다.

우리는 모두 세상에 고립되어 있다. 결국, 중요한 건 마음먹기에 달렸다. 마음 여하에 따라 천국도 되기도 하고 지옥도 되는 곳이 바로 우리가 사는 세상인 것이다.

나는 한때 불평이 많은 사람이었다. 별나지만, 의도적으로 불만을 품으려고 했다. 불만을 불평으로서 그치는 것이 아니라, 불만스럽지 않은 사회로 개량하여야 한다고 생각했다.

그런 생각이 내 성격을 매우 날카롭고 모나게 하였다. 또한, 불평불만의 그림자가 늘 얼굴에 드리워져 있었다. 이런 생각은 나를 좀먹었다.

큰 오판이었음을 나중에서야 알게 되었다. 인간은 마치 자석과 같다. 부정의 마음은 부정의 파장을 부르고, 긍정의 마음은 긍정의 파장을 부른다.

사회 부조리에 손 놓고 그저 감사하라는 의미는 아니다. 근본 바탕에 긍정의 색을 칠해놓고 운동을 하든, 개량하든 해야 한다는 말이다.

'세상은 아름답고 감사하다. 그러나 이번에 벌어진 유감스러운 일은 사회의 시스템이 조금 부실했던 거야. 우리가 지혜를 합치면 충분히 개량할 수 있어.'

'세상이 타락했어. 말세야, 말세. 이번에 벌어진 일을 봐. 골치 아픈 인간들이 너무 많아. 모조리 감방에 집어넣어 버려야 해.'

이 두 생각 중에 어떤 생각이 더 올바를까. 이 작은 마음의 차이가 아주 다른 결과를 가져온다.

하얀 도화지 위에 먹물 한 점이 있을 때, 검정 한 점을 하얗으로 변화시키기는 쉽다. 반대로 검은 도화지 위에 하얀 물감 한 점이 있어 검은색을 없애자고 함은 전부를 없애는 꼴이다. 하양은 감사의 마음이고, 검정은 불평의 마음이다.

《탈무드》에 나온 물음이다. 어느 날 어떤 사람이 랍비에게 물었다.

"나쁜 소식을 들으면 어떻게 축복합니까?"

"아무리 나쁜 소식이라도 그 속에는 틀림없이 좋은 면이 포함되어 있을 것이다. 이 세상의 모든 것은 나쁜 면과 좋은 면이 있으니 좋은 면을 바라보아야 한다."라며 랍비가 대답했다.

이처럼 모든 일은 긍정의 방향으로 풀어나갈 수 있는 것이다.

'때문에' 가 아니라 '덕분에' 라는 감사의 마음이
자신의 영혼을 맑게 하고, 사회를 밝게 한다.

별 85

> 가장 현명한 사람은 모든 사람으로부터 배울 수 있는 사람이요,
> 가장 사랑받는 사람은 모든 사람을 칭찬하는 사람이요,
> 가장 강한 사람은 자신의 감정을 조절할 줄 아는 사람이다.
>
> –《탈무드》

1. 현명한 사람

범인들은 나보다 나은 사람에게서만 배울 게 있다고 생각하지만, 현자는 모든 사람에게서 배운다. 상대의 좋은 점은 좋아서 배우고, 나쁜 점은 그러하지 말아야겠다고 생각한다.

범인은 아상我相으로 가득 차 겸손하지 못하고 스스로 자만한다. 나보다 잘난 사람 앞에서는 비굴해지고, 못난 사람 앞에서는 오만하게 된다.

현명한 사람은 상대를 대할 때 근본적으로 하심下心으로 대한다. 잘났다고 과시하지 않고 못났다고 비굴해하지 않는다. 있는 그대로 대하기에 있는 그대로 비추어 볼 수 있다.

자아에 집착하지 않는 사람은 잘난 사람, 못난 사람을 분별하지 않기에 누구에게나 배울 수 있는 것이다.

2. 사랑받는 사람

칭찬은 고래도 춤추게 한다. 칭찬은 사람의 마음을 얻는 가장 좋고 쉬운 방법이다. 우리는 재물에도 인색하지만, 칭찬에도 인색하다. 칭찬은 돈 없이도 줄 수 있는 최고의 마음선물이기도 하다. 특히나 아이들은 칭찬을 먹고 자란다. 단 한마디의 칭찬이 평생 진로를 바꾸어 놓기도 한다.

칭찬을 많이 하는 사람은 긍정적 사고를 하는 사람이다. 부정적인 생각으로 가득 찬 사람이 칭찬할 리가 만무하다. 세상이 어두운데 어찌 타인의 장점이 보이겠는가. 세상을 밝고 아름답게 보는 자가 칭찬을 잘한다. 칭찬한다는 것은 세상을 사랑한다는 뜻이다. 그 사람을 누군들 좋아하지 않겠는가.

3. 강한 사람

우리는 쉽게 달아오르고 흥분한다. '뚜껑 열린다.' 라느니 '열 받는다.' 라느니 하며 씩씩댄다. 어떤 사람은 자신의 성격이 다혈질임을 자랑처럼 얘기하는 사람이 있다. '욱' 하는 성질을 알아 달라고 공표하기도 한다.

불가에서는 사람을 망치는 세 가지 독[三毒]이 있는데 그 중 하나가 화를 내는 것이라고 한다. 빈 수레가 요란하고 빈 그릇이 달그락거리듯 덜 익은 사람일수록 감정 조율이 안 된다. 강한 사람은 쉬이 흔들리지 않는다. 언제나 최후의 승자는 평정심을 잃지 않는 자이다.

7 나·눔

바닷가에 사는 한 어부가
아침마다 해변으로 밀려온 불가사리를 바다로 던져주었다.
"그 수많은 불가사리 중 겨우 몇 마리를 살린다고 뭐가 달라지겠소?"
동네사람의 물음에 어부는 대답했다.
" 그 불가사리로서는 하나밖에 없는 목숨을 건진 거죠."

- 한비야 《지도 밖으로 행군하라》에서

당신이 굶주리는 백 명의 사람들을 도와줄 수 없다면,
단 한 명이라도 굶주림에서 벗어나게 해주어라.

- 테레사 수녀

별 86

> 응무소주 이생기심應無所住 而生其心
> 응무소주 행어보시應無所住 行於布施

— 《금강반야바라밀다경》

응무소주 이생기심應無所住 而生其心 - 응당 머문 바 없이 그 마음을 내라.

응무소주 행어보시應無所住 行於布施 - 응당 머문 바 없이 보시를 행하라.

이 글은 《금강경》에 나오는 유명한 구절이다. 과거 중국의 육조 혜능스님이 속가에서 나무꾼이었을 때 이 대목에 감동하여 출가를 결심하게 된다. 그리하여 그는 부처 이후 33조(중국에서는 6조) 선맥禪脈을 이었다.

응무소주 이생기심.

무언가를 하려면 걸림 없이 해야 한다. 우리는 대부분 본질을 도외시하고 겉모양을 추구하며 산다.

예컨대 직업을 구하는 데에도 일 자체가 아닌 돈과 명예와 그 밖의 이해관계를 먼저 생각하여 접근하니 본연의 마음자리는 요원하기만 하다. 이 글은 티없이 순수한 그 마음을 내라는 말이다.

무엇을 하든 '응무소주'의 마음으로 다가가야 한다. 사랑에도, 우정에도, 신앙에도, 믿음에도……. 우리는 본마음의 자리가 아닌 겉모습에 휘둘리는 게 다반사 아니었던가.

어린 시절 놀이를 하면서 무아경에 이르는 경험이 누구나 있다. 놀이와 놀이를 하는 사람과의 일체감. 이것이 곧 일념이며 무아이며 무념이며 순수한 마음자리이다.

응무소주 행어보시.

번뇌가 혼입된 베푸는 마음은 옳은 보시라 할 수 없다. 준다는 생각도, 받았다는 생각도 하지 말라는 경전의 말씀이다.

수행이 모자란 우리는 줬다는 표시를 내고 받았다는 공치사를 기어이 들어야만 비로소 안심한다. 사진을 찍어대고, 이름을 새겨 오랫동안 남기고 싶어 한다. 좋은 일에서도 마음에 상相이 있기에 순수함이 퇴색되곤 한다. 무념의 보시, 베푼다는 마음마저도 없는 보시를 하였을 때 참마음이 드러나는 것이다.

나는 이 글을 평생 인생관으로 삼고 있다.

나에게 '인생 성공 기준'이 무어냐고 묻는다면 여느 사람과는 사뭇 다르게 접근한다. 누구나 일생을 살면서 세상으로부터 숱한 공덕을 받을 것이다. 그런가 하면 공덕을 베푼 것도 있을 게다. 받은 공덕과 공덕을 준 것을 계산하여 자신의 베풂이 많으면 성공한 삶이요, 베풂이 적으면 실패한 삶이라고 본다.

성공을 '계산' 한다는 게 우스꽝스럽고 억지스러운 면이 있지만, 언어로 이를 설명하기가 여간 어려운 일이 아니다. 그러면 그 계산은 누가 할 것인가. 신神은 알고 있을 것이다.

어쩌면 산다는 것은 빚더미를 쌓아가는 것과 같다. 누군가의 주검으로 내 생명을 유지하니 말이다.

단 한 번 숨 쉬는 데에도 공기 중에 있는 10억 세균이 죽어간다고 하니 빚쟁이가 되지 않고 내 식으로 말하는 '성공' 하기란 여간 쉽지 않을 게다. 숨 한 번이 이럴진대 먹는 것, 마시는 것은 얼마나 많은 다른 생명을 앗는 일인가. 덜 먹고 덜 소유해야만 하는 이유가 여기에 있다. 하물며 사람들에게, 뭇 생명에게 보시는 못할망정 상처를 준다면 이생의 업장은 켜켜이 쌓여가지 않을 수 없지 않겠는가.

응당 머문 바 없이 그 마음을 내고,
응당 머문 바 없이 보시를 행하는 인생이야말로
별처럼 달처럼 아름다운 삶이라 말하고 싶다.

별 87

적선지가積善之家 필유여경必有餘慶
선을 쌓은 집에는 반드시 자손에게 좋은 일이 있다.

-《주역》'문언전'

덕행을 많이 한 집안에는 자신뿐 아니라 자손에까지 공덕功德이 미친다는 말이다. 무려 12대 동안 만석을 한 경주최씨 가문에는 부의 축적에 있어 분명한 원칙이 있다고 한다.

'만석이 넘으면 사회에 환원할 것, 사방 백 리 안에 굶어 죽는 사람이 없도록 할 것, 흉년에는 땅을 사지 말 것' 등이다.

사방 백 리 안에 서민이 굶주리고 있다는 것이야말로 부유한 자의 책임이라는 공동책임의식에 우리는 감동하게 된다. 자신들의 가족만이 잘 먹고 잘 살자가 아니라 주변을 살펴보아 더불어 사는 부富의 바른 철학인 것이다.

인간의 탐욕은 설령 99마리의 양을 가졌다 하여도 1마리를 더하여

100마리를 채우고 싶어 한다. 경주최씨 집안처럼 부의 옳은 철학과 실천이 우리 사회를 썩지 않게 한다.

뭍에서 쏟아져 들어온 온갖 더러움을 다 받아내는 바닷물이 부패하지 않는 이유는 단 3%의 소금 때문이라고 한다. 이 사회는 소금 같은 사람들이 있어 온전히 지켜내고 있다.

속담에 '호랑이는 죽어 가죽을 남기고, 사람은 죽어 이름을 남긴다.'는 말은 수정할 필요가 있다. '사람은 죽어 공덕을 남긴다.'는 게 나의 생각이다. 따라서 적선을 많이 한 집안은 반드시 그 공덕의 기운을 받게 된다.

외국에서 부자가 거액의 기부를 했다는 소식을 들으면 우리나라 부자와 비교하게 된다. 우리나라는 부자가 기부하는 것보다 가진 게 없는 사람들이 더 많은 기부를 하는 것 같다. 가물에 콩 나듯 어쩌다 있는 부자들의 기부는 자발적이라기보다는 타의에 의해 어쩔 수 없이 하는 생색내기가 많다.

'재벌財閥'이라는 말이 서양에는 없는 말이라고 한다. 허용될 수 없는 왜곡된 기업구조이기 때문이다. 재벌은 자신들의 가족이나 일가친척을 경영자로 내세워 문어발식으로 다양한 산업을 확장한 거대 기업 집단을 말한다.

우리나라에선 재벌이란 이미지가 그리 썩 좋은 편이 아니다. 이유야 많겠지만 내가 보기엔 사회 환원에 인색한 때문이라고 생각한다.

사실 그들의 축재는 자신들이 잘나서가 아니다. 시류에 잘 처세하였고, 과거 정부가 국민의 세금으로 특혜를 주었고, 국민의 싼 노동력을 바탕으로 오늘의 그들이 되었다. 그럼에도, 정작 환원에 인색하니 '재벌은 졸부다.' 라는 인식이 뿌리 깊게 퍼져 있다.

서양에서는 귀족으로서 정당한 대우를 받기 위해선 '노블레스 오블리주(Noblesse Oblige)' 라는 의무를 행하여만 했다. '가진 자의 도덕적 의무' 를 의미하는 말이다. 우리는 가진 자가 존경은커녕 도리어 지탄의 대상이 되고 있다. 재벌이 가진 것만큼 오블리주(의무)를 다하지 못하는 까닭이라고 본다.

"올 때에 빈손으로 왔듯이 갈 때는 나의 전 재산 사천억 원을 사회에 환원하고 가겠다. 하나 있는 내 아들이 능력이 있으면 내 유산이 필요 없을 것이고, 능력이 없으면 물려주는 재산만 탕진할 것이 아닌가."

영화배우 성룡의 이 말을 재벌들은 어떻게 생각할까.

적선지가 필유여경, 나는 이 글이 단순히 도덕적으로 적선을 권장하는 캠페인성 글이 아니라고 생각한다. 깊은 성찰과 더불어 오랫동안 삶에서 체득한 지혜의 글이라고 생각된다.

적선한다는 것은 사과나무를 심는 것과 같다. 결실의 계절이 오면 풍성한 사과가 열릴 것이다. 그 열매를 따서 먹기만 할 게 아니고 다시 씨를 심어야 더 많은 결실의 계절을 맞이할 것이다. 그리고 계속…….

어쩌면 적선은 남을 위하는 것이 아니다. 결국 자신을 위한 것임을 깨달아야 한다.

별 88

> 먹는 것이 곧 그 사람이다.
> (you are what you eat.)

당신이 먹는 게 곧 당신이다. 먹지 않고 사는 사람이 있을까. 그런데 희한한 것은 사람들이 먹는 행위에만 민감하고 먹이 자체에 대해선 둔감하다는 사실이다.

사람의 예민한 미각은 어떻게 하면 맛있게 잘 먹을까에 초점이 맞추어져 있다. 먹을거리가 풍족한 요즈음 세상엔 살기 위해 먹는 게 아니라 먹기 위해 사는 것 같다.

행복이 잘 먹는 것과 결코 무관치 않다고들 한다. 도심지는 먹는 장소가 흔하고 밤마다 화려한 네온사인으로 유혹한다. 유명한 음식점은 요리를 '개발'하는 데 성공하고, 북적대는 식당 앞에선 차표를 사는 사람들처럼 줄지어서 기다리는 진풍경이 연출되곤 한다.

요리를 개발했다는 말도 우습지만, 소위 개발이라는 것을 보면, 요리 안에 무엇인지도 모르는 숱한 재료와 조미료를 범벅하여 만든다. 온갖 방송 요리 프로그램에서 너나없이 추천했다는 요리를 먹어보면 강한 향미로 미각을 취하게 하는 데는 으뜸이지만 음식이 갖는 본연의 맛은 없다. 이 요리가 몇 대代를 내려온 비법입네 하면서 핵심재료는 며느리도 모른다고 자랑처럼 말한다.

사람들은 자기가 먹는 음식에 무엇이 들어 있는지 모를뿐더러 알려고도 하지 않는다. 단지 맛있기만 하면 되는 것이다.

나는 언젠가 이런 글을 쓴 적이 있다.

내가 먹은 것이 곧 나다
어제 먹은 음식은 오늘의 나이며
오늘 먹을 음식은 내일의 내가 되리
나와 음식은 둘이 아니로다
입 밖에선 음식이요
입 안에선 육신이다
탁한 음식을 취하면 탁한 이가 되고
청정한 음식을 취하면 청정한 이가 된다네
생각하고 느끼는 모든 것은
내가 먹는 이 음식에서 오는구나

공양은
다른 생명을 앗아
내 피와 기육을 만드는 법식
아플 때는 보약이요
주릴 때는 선식이라
백팔 인연 공덕 이 음식
어찌 허투루 여길쏜가
……(중략)……

어제 먹은 음식으로 오늘의 내가 있고, 오늘 먹는 음식으로 내일의 내가 되리라는 것은 의심의 여지가 없다.

가만 보면, 음식이 수저에 있으면 음식에 불과하지만, 입 안에 있으면 내 육신이 된다. 내 안으로 들어온 순간부터 나의 몸이 되는 것이다. 그러니 어찌 탁한 음식을 취하여 나를 탁하게 할 것인가.

사람들은 너무 탁한 음식에 절어 있다. 난폭한 범죄의 상당수는 우리의 먹는 것과 관계가 많다고 한다. 사나운 음식을 먹으면 사나운 사람이 되는 것은 당연하다. 우리가 언제부터 이렇게 매일매일 고기를 섭취했던가.

어느 외국 사이트에 이런 글이 있단다.

비행기 안에서 식사시간이 되었다. 승무원이 기내식의 종류를 물으려고 한 동양인에게 물었다.

"Are you vegetarian?"(당신은 채식인입니까?)

그러자 그는 이렇게 대답했다.

"No, I'm not vegetarian. I'm korean."

(아니오, 나는 채식인이 아닙니다. 나는 한국인이오.)

이 유머는 한국 사람이 얼마나 육식을 많이 하고 있는가를 여실히 보여 주고 있다. 한국인은 모두 육식주의자라는 비하와 조롱이 담겨 있는 것이다.

나는 채식을 하고 있다. 먹는 것만큼은 최소한 산사의 스님처럼 살고 싶어 선택한 길이다. 어느 날부터인가 생명의 존엄에 대해 느끼는 바가 있어 채식으로 바꾸었다. 그 이후로 나의 삶이 송두리째 바뀌었다. '먹는 것이 곧 그 사람이다.' 라는 논리대로라면, 나는 점점 식물이 되어가고 있는지도 모른다.

사람들이 채식하는 사람한테 자주 하는 말은 '풀도 생명 아닌가?' 라는 물음이다. 왜 아니겠는가. 당연히 식물, 들짐승, 날짐승, 수중동물, 그리고 사람들까지 모두 다 귀한 생명이다. 이 물음엔 사실 이런 속뜻이 기저에 깔려있을 게다. '풀도 소중한 생명인데 당신은 왜 생명존중 운운하며 육식을 탓하는가, 모순 아닌가?'

나는 이런 물음에 많은 설명을 하기보다는 이렇게 되묻고 싶다.

'사람이 살기 위해 육식을 하는 것처럼, 식인종이 단지 살기 위해서 식인하는 행위는 왜 용납되지 못하는 걸까? 생명은 모두 똑같을 텐데. 풀이든 벌레든 동물이든 사람이든 심지어 식인종까지도 다 똑같을 텐데 말이다.

아인슈타인의 말을 빌리면 채식주의자가 되는 것만큼 건강에 이롭고, 생명존중의 기회를 증진하는 일은 없다고 하였다.

나는 그렇다 해서 육식을 탓하고 싶지는 않다. 그저 채식하는 사람이 많았으면 하는 바람이 있다. 또한, 채식하는 행위를 이 사회가 좀 더 관대하게 보아주었으면 하는 바람이 있다.

"어떤 신이 무심중無心中에 와서 돌연 너는 무엇을 하느냐고 물을 때에, 나는 이것을 하노라고 서슴지 않고 대답할 수 있게 하라."라고 도산 안창호 선생이 말했다. 나는 이 물음에 언제나 준비가 되었다.

그것은 다름 아닌 채식하는 삶이다.

별 89

> 우리는 타인으로부터 받은 것으로 생활하며,
> 타인에게 준 것으로 인생을 만들어간다.

– 윈스턴 처칠

인생을 갈파한 그림 같은 말이다.

이 세상에는 공짜가 없다. 세상에 없어져야 할 말이 있다면 '공짜' 라는 말이다. 태어나고 생명을 유지하는 자체가 누군가의 보살핌과 자연의 기운, 우주의 생명력에 의지한다. 그러니 세상 어떤 것에도 공것은 없다.

쌀 한 톨에도 88번의 공덕으로 이루어졌다고 하니 우리는 태어나자마자 빚더미에 앉은 꼴이다. 인간은 무덤에 묻힐 때까지 타인의 보살핌과 자연의 은덕으로 생을 영위한다고 해도 그리 지나친 말이 아니다.

처칠의 말대로, 타인으로부터 보살핌을 받았기에 나의 생명이 유지되었고 내 인생은 타인에게 무언가 베풂으로써 이루어진다. 어떤 이는 배우고 익혀왔던 지식을 줄 수도 있고, 또 다른 이는 공장에서 직공으로 땀 흘려 베풀기도 할 것이다.

'내가 내 돈 버는데 공덕은 뭐며, 베풂은 무엇인가.' 라고 할 수도 있겠다. 말하자면 돈을 벌기 위해 일을 한 것이지 타인에게 베풀기 위해서 한 것이 아니라는 얘기일 터이다. 설령 돈을 위해 일을 했다손 치더라도 사회를 유익하게 하였다면 공덕이 된다.

가만 생각해보자. 돈이란 무엇인가. 돈은 사회에서 약속한 거래 증서에 불과하다. 어제의 배춧값이 오늘 다르고 내일 또 다를 게다. 돈이 진리에서 멀어져 있다는 반증이다. 진리라는 것은 변함이 없고 영원해야 하니까 말이다.

이렇게 수요와 공급의 논리에 따라 무시로 가변적인 게 돈이다. 어제 나온 배추와 오늘 나온 배추를 비교해 보자. 농부가 들인 공덕은 같을 것이고 빛과 바람과 흙, 물 등 자연의 역할도 다르지 않았을 게다. 그럼에도, 배추 가격은 차이가 있다. 왜인가?

인간은 이런 모순의 세계에 산다. 배추의 예를 들었지만 어디 배추뿐이랴. 그대가 만든 하나의 공산품이 매양 똑같은 가격으로 팔려나가지 않을 것은 분명하지 않은가. 그대가 들인 품은 똑같은데도 말이다. 결국, 돈의 관점에서 생각하면 한 발자국도 진리에 도달하지 못하게 된다.

그러니 돈을 목적으로 삼는 것은 허망하다. 돈을 공덕의 기준으로 삼는 것은 허망하다. 모름지기 인생을 만드는 것은 타인에게 얼마만큼 베풀었느냐에 달렸다. 사실 따지고 보면 '베풂' 이 아니라 '빚 탕감' 이라

해야 한다. 의식을 못해서 그렇지 그대는 이미 수많은 사람에게 빚진 인생이다. 채권 추심인이 협박과 닦달을 하지 않을 뿐이다.

현명한 사람은 세상으로부터 받은 빚을 가장 크게 생각하는 사람이다.

공덕과 악행 두 가지는
사람이 이 세상에서 지은 것
이것이야말로 진정으로 자기의 것이다.
죽을 때 이것을 가지고 간다.
마치 그림자가 항상 따라다니듯
이것이 항상 따라다닌다.
그러므로 사람은 선행을 닦아야 한다.
공덕은 저세상에서 든든한 후원자다.

불경에 나온 글이다. 사람이 죽을 때 과연 무엇을 가지고 가야 하는가를 여실히 보여주는 글이다. 어떻게 인생을 만들어 가야 할지 그대는 이미 답을 알고 있다.

별 90

> 부자는 부유함으로 곤란 받고, 빈자는 가난함으로 곤란 받으니
> 주리고 배부름은 다를망정 곤란 받는 건 한가질세.
>
> – 김삿갓

하나같이 부유함을 꿈꾸지만 왜 부자라고 곤란이 없겠는가. 부자는 부자대로 빈자는 빈자대로 곤란이 있기는 매한가지다.

하나같이 지위가 높아지기를 바라지만 왜 높은 자리에 있다고 번민이 없겠는가. 높은 자리에 있는 사람도, 낮은 자리에 있는 사람도 번민이 있기는 매한가지다.

결국, 곤란이 있고 없음이 소유함에 있지 않다는 말이다. 가난한 사람 처지에서는 소유하면 모든 게 해소될 것 같지만 과연 그럴까. 일시적으로 곤란이 해소되는 듯이 보여도 궁극적으로는 소유가 곤란함을 풀어주지 못한다.

사람의 소유욕에는 한계가 없다. 얼마만큼 소유해야 만족하는지 알

수가 없는 데서 문제가 생긴다. 소유는 또 다른 소유를 계속 부르기 때문이다. 복권에 당첨된 많은 사람이 잘되기보다는 오히려 삶을 망친 경우가 허다하다고 한다. 주역에서도 '횡재'는 운수대통이 아니라 '횡액 수'라고 하니 복권에 당첨되는 게 꼭 좋은 것만은 아닌가 보다.

명심보감에도 횡재를 경계하고 있다.

'까닭 없이 천금千金을 얻으면 큰 복이 있는 것이 아니라 반드시 큰 화가 있으리라.'

사실인즉 부자나 빈자나 하루 세끼 먹고 사는 것은 똑같다. 한 끼에 기백만 원짜리 식사를 하든, 몇천 원짜리 밥을 먹든, 몇 시간만 지나면 소화되기는 다 마찬가지다. 비싼 밥 먹었다고 향내 나는 배설을 하는 것은 아니잖은가. 구린내가 나기는 다 마찬가지다.

부유해서 마음의 평안을 얻는다고 하면 내남없이 부자가 되어야겠지만, 현실은 그렇지 못하다. 부자들도 부유함으로 괴로워하고 있기 때문이다.

부자가 되기를 바라는 것, 높은 지위를 바라는 것이 얼마나 허망한가를 알면 애면글면하며 갈구하진 않을 텐데 말이다.

마음의 평안함이 소유에 있지 않다면 과연 무엇에 있는 걸까. 그 답은 성인들의 말에서 찾을 수 있을 게다.

불가에서는 모든 괴로움은 '집착'에서 비롯되었다고 한다. 그러므로 집착을 버리면 곧 괴로움도 사라지는 것이다.

답을 알기는 쉬워도 행하기는 참으로 어려운 일이다.

별 91

이익을 바라고 행하는 일은 원망이 많다.

放於利而行多怨

– 공자

무슨 일을 하든 목적이 돈인 사람은 원망이 있다. 직장에서 과분하게 급여를 받아도 충족하지 못한다. 다른 사람과 비교하여 부족하다고 생각한다. 설령 다른 이와 비교해서 많다고 하면 '내가 일한 게 얼만데' 라며 자신의 노동력에 비해 턱없이 부족하다고 불평한다. 기준이 내가 아닌 타인이다. 하물며 다른 사람에 비해 적은 노임을 받았다면 오죽하랴.

같은 일을 해도 이해가 있느냐 없느냐에 따라 삶을 대하는 게 다르다. 돈이든, 물질이든, 평판이든 무언가를 바라는 일에는 반드시 원망이 따른다.

사회에 나와서는 친구 사귀기가 여간 어렵다고 한다. 학창시절엔 이해로 만나지 않기에 순수한 마음의 벗을 사귄다.

그러나 사회에 나와 돈을 알게 되면서부터는 사람을 만나는 것까지 계산하려 든다. 사람들의 머리에는 계산기가 장착되어 있다. 자신이 투자한 시간만큼 이익을 얻어야 하기 때문에 순수한 만남이 되기 어렵다. 만나서 밥 먹고, 차 마시고, 술 먹는 경비를 은연중에 따지게 된다.

그러니 사회에서 만나는 사람들이 마음과 마음을 잇는 좋은 벗이 될 턱이 없다. 손해나는 장사가 어디 있겠는가. 만남이 장사가 아닐진대 장사처럼 계산하다 보니 이해가 깨지면 언제든지 결별할 수밖에 없는 관계가 돼버리는 것이다.

동업하면 대개 파탄을 겪게 될 거라고 한다. 심지어 자기 자신과 똑같은 사람을 복제하여 동업해도 같은 결과가 나올 것이다. 왜냐하면, 목적이 이윤이기 때문이다. 호흡이 잘 맞아 많은 이윤이 창출되었다고 한들 혼자 갖지 못하고 둘이 나눠야 할 판이니 어찌 번뇌가 없으랴.

부모가 자식에게 헌신적인 것은 어떠한 이익을 바라지 않기 때문이다. 오로지 건강하고 잘 되라는 그 마음뿐이다. 자식에게 유익을 바라고 헌신하는 부모가 있다면 온전한 부모가 아니다. 부모는 자식에게 한 올의 바람 없이 필요하다면 목숨까지도 내놓기를 주저하지 않는데 반해 자식은 부모에게 바라는 게 많다. 그래서 자식은 가난한 부모, 못 배운 부모, 못난 부모를 원망하게 된다. 이익을 추구하는 한 이런 모순은 계속될 것이다.

자원봉사를 하는 사람들은 늘 얼굴이 빛난다. 게으름을 피우지도 않는다. 땀을 흠씬 흘리면서도 행복한 얼굴. 그들은 자신의 이익을 바라지 않는다. 사람이 꽃보다 아름다운 이유는 대가를 바라지 않는 봉사가 있어서이다. 그들의 목적은 내가 아닌 타인에게 있기 때문이다. 호스피스 병동에서 자원봉사자와 대가를 받는 간병인의 얼굴을 비교해보라.

이익을 바라지 않는 일이 많으면 많을수록 인생은 아름답다. 그 인생은 행복하고, 또한 그 인생은 얼마나 풍성한가.

별 92

> 그대가 행동에 혼란을 느낄 때는
> 그것이 가장 가난한 사람의 입장에 서 있는가를 먼저 생각하라.
>
> – 간디

"가난한 사람이 왜 있을까요?"

"우리가 나누지 않기 때문이지요."

"어떻게 하면 가난을 해결할 수 있나요?"

"우리가 서로 나눔으로써."

마더 테레사 수녀는 이렇게 대답하였다. 그녀는 더 나아가 이런 말을 하게 된다.

"우리는 가난한 사람들이 예수님 같다고 여기면서 섬겨서는 안 됩니다. 우리는 그들이 예수님이기 때문에 섬겨야 합니다."

부유한 사람은 가난한 백성의 덕분으로 부자가 되지만, 정작 부자가 된 후에는 가난한 사람 위에 군림한다.

한 사람의 부자가 탄생하려면 수백, 수천의 가난한 사람들의 노동력이 떠받쳐주어야 한다. 누군가의 희생 없이 부자는 나올 수 없다. 요컨대 부자가 좋다고 하는 이유는 무얼까. 더 많이 누릴 수 있어서일까. 이는 졸부들의 답이다. 참부자의 답은 이럴 게 분명하다.

'더 많이 나누어 줄 수 있기 때문에.'

'우리의 행동에 혼란이 올 때는 가장 가난한 사람의 입장을 먼저 생각하라.'

간디의 이 말은 어떤 결정에 가장 소외된 상대를 우선 배려하라는 뜻이다.

민주적 결정이라는 것도 돈 있고, 힘 있는 자의 논리이다. 돈이 무소불위의 권력이라는 사실은 이 사회에서 용인된 지 이미 오래다.

대부분 우리의 결정 또한 소외된 약자에 대한 배려가 부족하다. 다수에 의한, 다수를 위한 결정이 최선이라고 강변하는 게 오늘날 민주주의 제다. 뭉쳐져 있지 않은 사회적 약자들은 항상 불리할밖에. 기득권자들은 그들의 눈높이에서 판단하고 결정을 하고 싶어 한다.

따지고 보면, 가난한 사람이 있다는 것은 나눔이 부족한 우리 모두의 책임이다. 그 나눔이 꼭 돈을 지칭하는 것은 아니다. 따뜻한 말과 미소 그리고 작은 마음만으로도 훌륭한 나눔이 된다.

가난한 사람들은 무얼 바라서가 아니라 함께 있다는 존재감만으로도 감격해 한다. 가난은 죄가 아니다. 그저 조금 불편할 뿐이다. 그런데도 가난을 죄악시하는 이 자본주의 사회의 매정함이 못내 아쉽기만 하다.

사회적 약자를 배려하고 더불어 가는 이 사회가 진정 우리가 꿈꾸는 천국이요 극락일 것이다.

별 93

무엇을 가지지 못했는가가 아니라
무엇을 가지고 있는가로 사람을 판단하라.

– 벤저민 프랭클린

토마스 프리드만은 이렇게 말했다.

"비관론자는 대체로 옳고, 낙관론자는 대체로 그르다. 그러나 대부분의 위대한 변화는 낙관론자가 이룬다."

대개 비관론자가 말하는 내용이 공감되는 경우가 많다. 그들의 말은 어두운 현실을 대변해주는 것 같은 대리만족을 주기 때문이다.

반면에 낙관적인 사람들은 현실을 도외시한 몽상가로 치부되곤 한다. 그러나 대부분의 위대한 변화는 낙관론자가 이뤘다는 것을 역사가 증명하고 있다.

어떠한 사물을 볼 때 긍정의 눈으로 바라봐야 한다. 컵에 물이 반쯤 차 있다고 했을 때, 어떤 사람은 물이 절반이나 있다고 하고 어떤 이는 물이 반밖에 없다고 한다.

정신분석학의 창시자인 프로이트는, 여성을 양다리 사이에 있어야 할 게 없는 '결핍의 존재'로 보았다. 그는 남성을 기준으로 여성을 바라봤기 때문이다. 만약 여성이 기준이었다면 남성을 '과잉' 상태로 보았을 게다. 이러한 그의 견해는 페미니스트들의 거센 반발에 부딪히게 된다.

사람을 대할 때 그 사람의 결점을 보기보다는, 장점을 보도록 해야 한다. 이것은 아주 작은 차이이지만, 결과는 마치 산 위에서 눈을 뭉쳐 아래로 굴리는 것과 같다.

아무리 형편없는 사람도 장점 없는 사람은 없다. 자신과 아이의 닮은 점을 찾다 찾다 '발가락이 닮았다.'고 말한 어느 소설의 내용처럼 찾으려면 왜 못 찾겠는가.

다른 사람을 대할 때뿐만 아니라 자신에게도 마찬가지다. 모자라는 부분을 먼저 보려 하는 사람은 비관론자다. 자신의 장점보다 단점을 질타하며 좌절하고 열패감에 사로잡혀버린다. 그러니 나쁜 파장이 내 몸을 휘감고 있다.

비관론자는 항상 이분법적인 결론을 내린다. 이분법이 어떤 점에선 '선이냐, 악이냐.'를 풀어낼 수 있어 명쾌하다. 그러나 세상의 문제는 그리 간단하지만은 않다.

과연 선과 악의 기준이란 것이 무엇이란 말인가. 어디까지가 선이고 어디까지가 악인가. 조건과 환경에 따라 어떤 것은 선도 되고 악도 된다.

사람은 완벽한 존재가 아니다. 밝은 면이 있으면 반드시 어두운 면이 있게 마련이다. 단지 밝은 부분이 드러나서 어두움을 가릴 뿐이다. 방안에 불을 켰다 해도 그림자가 없어지는 것은 아니다. 빛이 들지 않는 곳은 있게 마련이다.

자신에게 또는 타인에게 늘 좋은 면을 바라보고, 칭찬하노라면 맑은 삶을 살 수 있을 것이다.

별 94

> 이 세상에서 가장 위대한 종교는
>
> 불교도 기독교도 유대교도 이슬람교도 아닌 바로 친절이다.
>
> – 법정 스님

종교宗敎란 '큰 가르침'을 말한다. 우리가 종교를 갖는 이유는 무얼까. 성인들의 가르침과 그들의 위대한 삶을 통해 우리의 마음이 좀 더 맑아지고 풍요로워지기를 원해서이지 않을까.

그렇지 못하고 더 사납고 흉포한 사람이 되게 하는 종교라면 두말할 것도 없이 종교를 사칭한 얼치기 집단에 불과하다.

어떤 종교이든 귀결점은 '착하게 살아라.'는 것으로 결론된다. 착하게 사는 법도 가지가지겠지만, 법정 스님은 '친절'이 착하게 사는 비결이라고 하였다. 친절이야말로 가장 위대한 종교라고까지 하였다. 세상에 모든 종교의 핵심 사상이 '친절'을 벗어나지 않기 때문이다.

친절은 관심과 배려이다. 아끼는 마음이고, 베푸는 마음이고, 소중히 여기는 마음이다.

친절은 단순히 대상이 한정된 말이 아니다. 나에게도 친절하고, 너에게도 친절하고, 우리 모두에게 친절하여야 한다. 사람뿐 아니라 허공계와 중생계에 있는 모든 생명에 친절해야 한다.

남에게뿐 아니라 나에게도 친절해야 한다. 자신을 미워하는 자가 어찌 남에게 친절할 수 있겠는가. 나를 스스로 존귀하게 여길 때 예쁜 마음이 생기고 그래야 타인도 아름답게 보이는 것이다. 풀 한 포기, 꽃 한 송이, 벌레, 짐승, 세상 모두에게 친절하게 대하자.

우리는 '동방예의지국' 이라는 격찬을 받아왔던 민족인데, 근래에 보면 이런 말이 무색할 지경이다.

동남아시아에서 어렵게 시집온 여인들을 하찮게 여겨 온갖 모멸과 가정 폭력으로 사회문제가 되기도 하였다. 우리가 그토록 하기 꺼려하는 3D 업종에 약소국에서 어렵게 들어온 노동자들에게 전담시키면서 갖은 차별과 오만방자한 태도는 도대체 어디에서 비롯된 것일까.

천민근성을 하루빨리 던져버려야 한다. 조금 부유하게 산다고 가난하고 약한 사람을 차별한다면 그 인품은 저열하기 짝이 없다.

약한 자에게 강하고, 강한 자에게 굽실대는 천박한 행위는 필연적으로 부메랑이 되어 돌아오게 된다. 세상의 진리는 뿌린 만큼 거두기 때문이다.

돈 좀 벌겠다고 말도 통하지 않는 머나먼 타지에 와서 고생하는 그들의 처지를 생각하면 허투루 대하고 싶지 않을 텐데…….

그들에게 친절하자. '어글리 코리안' 이 되지 말고 '카인들리 코리안' 이 되자.

친절은 세상의 모든 종교가 추구하는 진리다.

친절을 어떤 종교에선 '사랑' 이라고 말하기도 하고, '자비' 라고도 하고, 인仁이라고도 한다.

별 95

> '내 아들인데, 내 재산인데' 하면서 어리석은 자는 괴로워한다. 참으로 그 자신도 그의 소유가 아닌데 어찌 아들이나 재산이 그의 소유겠는가.

– 《법구경》

불경에서는 물질에 대한 탐착뿐 아니라 사람에 대한 갈애에 대해 일관되게 말하고 있다. 내 아들, 내 아내 혹은 남편, 내 부모, 내 형제……. 마치 내 것인 양 생각되는 것이 실은 모두 집착이라는 거다.

우리가 '내 아들' 이라고 했을 때는 '나' 는 나의 것이라는 전제를 깔고 있다. 그러나 생각해보라. '나' 는 과연 내가 주인일까?

내가 진짜 주인이라면 나의 몸을 마음대로 부릴 수 있어야 한다. 병들지 말라고 해야 하고, 늙지도 죽지도 말라고 해야 한다.

뿐이랴. 내 마음도 자유로이 조종해야 한다. 그러나 어디 그런가.

기쁘고, 성내고, 슬프고, 사랑하고, 싫어하고, 바라고, 즐겁고……. 이러한 마음을 하나라도 어디 내 마음대로 할 수 있던가.

'나'는 내가 주인이 아니다. 나조차도 주인이 아니거늘 어찌 '내 아들'이라 말할 수 있겠는가.

그러면 '나의 아들'은 대체 누구의 것이란 말인가? 누구의 것도 아니다. 내 것도 아니고, 내 아들 자신의 것도 아니고, 신의 것도 아니고, 누구의 것도 아니다.

불가佛家에서는 이에 대한 설명으로 인연으로 풀이한다. 인연에 의해 생겨났고 인연으로 소멸한다고 하였다. 이 도리道理는 오로지 스스로 깨우치는 수밖에 없다. 어떤 인연으로 자신이 이 땅에 왔으며 어떤 인연 공덕을 지을 것인지는 누군가가 말해 줄 수 있는 논리가 아니라, 스스로 깨우쳐야 하는 것이다.

부모와 자식 간을 '천륜'이라 한다. 하늘이 맺어준 큰 인연이라는 뜻이다. 생각해보아도 부모와 자식으로 만나는 것은 대단한 인연이다. 불가에서 인연을 얘기하지만, 부모와 자식 간에는 다음 생에서도 연인으로 만나지는 않는다고 한다. 윤회도 천륜을 어길 수는 없는 법이기 때문이다.

세상사가 모두 인연으로 맺어지고 인연으로 흩어진다. 나 자신도 복합적인 인연 덩어리인 것이다. 한 인연으로 옷 한 벌을 걸쳐 입게 되었듯 이 육신도 영혼을 담은 옷이라 보면 틀리지 않다.

세상의 온갖 인연 공덕으로 내 몸을 지탱할 수 있고, 또 나는 누군가에게 인연의 파장을 끼치고 있다. 따라서 이 세상에서 '내 것'이란 없다. 내 육신마저도…….

자기가 낳았다 해서 자식이 '내 것' 이 아닌 만큼 대하는 방식을 달리 해야 한다. 부모는 아무리 어린 자식일지라도 하나의 인격체로서 존중해주어야 하며, 좋은 안내자의 역할에 머물러야 한다.

사랑의 마음을 지닌 건실한 아이로 자라날 수 있게끔 말이다. 내 것인 양 지시하고, 명령하고, 사사건건 간섭한다면 오히려 역작용만 생긴다. 장성한 자식에게마저도 '내 아들' 이란 집착을 하기에 고부간의 갈등이 벌어지고 원망의 마음이 생긴다.

인연의 법칙을 잘 생각해보면 집착과 번뇌에서 벗어나는 길이 보일 것이다. 이렇게 말하는 나 또한 무언가 큰 깨달음이 있어서 하는 말이 아니다. 그저 정진하는 '작은 수행자' 에 불과하다.

이런 '아는 체' 가 혹여 구업口業을 짓는 것은 아닌지 적이 두렵다.

별 96

꿈과 탐욕은 같은 곳에서 나왔다. 이 둘은 거의 흡사하다. 차이가 있다면 딱 하나 방향의 차이가 있을 뿐이다. 탐욕은 나를 향해 있지만, 꿈은 타인을 향해 있는 것이다.

— 자작自作

꿈과 욕심의 차이는 무엇일까?

나는 어릴 때부터 '욕심과 꿈의 차이'가 무엇인가에 골몰하곤 했었다. 어찌 보면 거창하게 '꿈'이라 하지만 사실인즉 '욕심'과 무슨 차이가 있느냐는 고민이었다.

그렇다. 꿈도 욕심이다. 꿈이니, 이상이니, 희망이니, 소망이니 하지만 그 속성은 분명 욕망과 다름없다. 지금보다 더 잘 살고 싶은 욕망인 것이다. 그 욕망을 화려한 색지로 포장하여 부른다.

그럼에도 '꿈'과 '욕심'의 차이는 딱 하나 있다. 욕심은 자신만을 위해 바라는 마음이다. '돈을 많이 벌어 호의호식하겠다.' 이런 마음은 욕심이지 꿈이 아니다. '돈을 많이 벌어 소외된 자들에게 베풀어야겠다.'

이런 마음이 곧 꿈이다.

'돈을 벌겠다.' 라는 점엔 서로 차이가 없다. 차이는 오로지 대상이 누구로 향해 있느냐의 차이일 뿐이다. 이 미소한 차이가 꿈일 수도 있고 탐욕일 수도 있다.

우리는 늘 꿈꾼다고 하고, 꿈꾸어야 한다고 한다. 그런데 가만 말을 들어보면 꿈인지 욕심인지 모를 때가 잦다. 이런 확고한 견해가 서지 않는다면 많은 문제가 생겨난다.

집권을 꿈꾸는 사람은 최고 권좌에 올랐을 때 그 방향이 나라와 백성을 위해 존재해야 한다. 그런데 대통령이란 권력을 자신의 가문과 자신의 이해를 위해 이용한다면 나라가 대체 어찌 되겠는가 말이다.

탐욕과 꿈을 제대로 구분하지 못하는 사람이 높은 자리에 오르면 오를수록 세상 사람의 고통은 점점 커진다. 사익만 있다면 그건 이미 꿈이 아니라, 타락한 꿈이다. 탐욕에 불과하다.

정견正見을 갖고 진정한 꿈을 꾸어야 한다. 사익이 아니라 공익을 위해서 이상을 품어야 한다. 사리사욕에서 벗어나야 한다.

자리이타自利利他,

나도 좋고 너도 좋게 하는 것이 곧 꿈이요, 이상이요, 희망이다. 무엇이 되던 좋다. 이 세상을 이롭게 하는 일이라면 무엇이든 꿈꾸어라.

홍익인간弘益人間,

널리 세상을 이롭게 하는 마음. 꿈꾸는 사람이 간과하지 말아야 할 옳은 마음이다.

별 97

> 사람이 호랑이를 죽이는 것은 스포츠라 부르면서
> 호랑이가 사람을 죽이는 것은 잔인성이라 부른다.
> 그것이 사람이다.

– 버나드 쇼

소년은 장난삼아 개구리에 돌을 던지지만, 개구리는 장난이 아닌 실제로 다치거나 죽는다. 인간이 뭇 생명에 알게 모르게 저지르는 잔혹성이 어디 한두 가지인가. 어릴 때 무심코 저지르는 행동은 어른들의 방관과 생명 경시 탓이라고 본다. 생명에 대한 경시 풍조가 너무 만연되어 세상이 점점 험해지고 있다.

'당신이 장난으로 죽인 다람쥐는 진지하게 죽어간다.' 라고 헨리 데이비드 소로가 말한 바도 있다. 장난으로 또는 취미로 하는 낚시에 그야말로 진지하게 죽어가는 잉어와 송사리가 있다.

고급 취미라고 하는 사냥은 또 어떤가. 하는 사람은 스릴 넘치고 즐거울지 몰라도 총에 맞은 짐승은 그다지 즐겁지 않을 것이다. 그런 것을 취미라고 즐거워하는 사람들의 뇌 구조가 의심스러울 때가 많다.

역지사지易地思之라는 사자성어가 있다. 처지를 바꾸어서 생각해보라는 뜻이다. 만약 인간이 사냥을 당하고, 낚시를 당하는 존재라면 과연…….

모든 게 인간중심의 사고로 점철되어 있다. 인간이 지구 땅덩어리의 주인인가. 이 땅을 만든 주인으로부터 부동산 매수라도 했단 말인가. 인간이 뭇 생명의 주인이라고 누가 이름 하였는가. 만약 그런 종교가 있다면 어서 빨리 벗어나는 게 인간성을 버리지 않는 길이라고 확신한다.

사람이 소를 때려잡으면 스포츠라 부르면서 소가 사람을 죽이면 잔인한 것으로 매도한다. 요즈음 멧돼지가 민가 밭에 출몰하여 10년 농사를 망쳤네 하며 텔레비전에 나와 호소를 하는 뉴스를 보곤 하는데 잘 이해가 되지 않는다.

도대체 누가 피해자인지 가해자인지 모르겠다. 정작 가해자는 그들을 먹을 게 하나도 없게 만든 인간의 탐욕 때문이 아닐까.

나는 인간이 이토록 사나울까 무서워지는 때가 많다. 멧돼지보다 더 무서운 것은 사람들의 잔인성이다. 인간이 생명에 대한 존엄 없이 함부로 살생을 해대니 습習이 되어 잔혹한 범죄가 늘어만 간다.

혹자는 사냥이 적법하다고 말할 수 있다. 낚시가 적법하다고 항변하리라. 그러나 묻고 싶다. 생명을 놀잇감으로 삼으라는 법을 당하는 짐승들과 물고기들도 동의했는지.

위의 명언을 남긴 버나드 쇼는 평생 채식을 하였다. 그가 95세에 이르러 사망하자 장례 행렬에는 염소와 소, 양 떼들이 울면서 뒤를 따랐다고 한다.

모두가 채식인이 되라고 할 수는 없다. 하지만 최소한 생명을 오락으로 삼는 행위는 매우 큰 죄악이고 업보이며 반드시 그 과보를 받게 된다는 사실을 깨달았으면 좋겠다.

그런 사람일수록 대개는 과보가 닥쳐도 과보인 줄 모르고 그저 세상을 한탄하면서 고통스러워하겠지만 말이다

별 98

> 이 세상의 동물은 그들 나름대로 존재 이유가 있다. 흑인이 백인을 위해 창조된 것이 아닌 것처럼, 여자가 남자를 위해 창조된 것이 아닌 것처럼, 그들도 인간을 위해 창조된 것이 아니다.

– 앨리스 워커

채식이 옳은가 그렇지 않은가를 말하기에 앞서 먼저 짚어 봐야 할 것은, 매끼 먹는 우리 식단에 대한 염려이다.

우리는 우리의 음식문화에 심각한 의문을 던져봐야 한다. 수많은 병이 잘못된 식생활습관에서 비롯된다는 것은 이미 널리 알려진 사실이다. 오늘날 우리의 음식문화는 심하게 비틀어지고 왜곡되어 있다.

우리가 언제부터 고기가 아니면 밥을 먹을 수 없는 지경에 이른 것일까. 헐벗고 굶주린 때가 고작 몇십 년 전인데 먹어대는 것을 보면 태곳적부터 그래 왔던 민족 같다. 고기를 파는 음식점마다 불야성을 이루고 고기 굽는 냄새가 밤이면 밤마다 진동한다.

요란한 음식점에 가보면 음식을 새롭게 개발했다면서 요리 하나에 양

념 가짓수만 3 · 40여 종류나 되는 걸 큰 자랑처럼 내걸곤 한다. 매스컴에 실린 별의별 화보를 대문짝만 하게 걸어놓고 명소나 되는 양 요란하게 광고한다.

좋은 것도 한두 가지지 이쯤 되면 본연의 음식 맛은 어디로 가버리고 만다. 오만가지 육류와 해산물을 이리저리 뒤범벅 하여 새로운 음식을 창조했다고 자랑하지만, 자극적 양념 맛으로 혀가 마비되고 만다. 이런 일그러진 음식으로 우리의 몸도 함께 일그러져 간다.

나는 본연의 맛을 살리는 음식이 가장 좋다고 생각한다. 살기 위해 먹어야지 먹기 위해 사는 것 같은 오늘날 우리들의 자화상이 안쓰럽고, 음식으로 죽어간 뭇 생명의 아픔에 가슴이 찡해지곤 한다.

요리법이 발달할수록 사람들은 필요한 것보다 몇 배나 많은 음식을 먹는다고 한다. 정말이지 요리법 발달은 농축된 영양을 한꺼번에 섭취하는 결과를 가져온다. 이런 이유로 더 많은 동물이 죽어나가고 있다.

노예가 상전을 위해, 흑인이 백인을 위해, 황인종이 백인을 위해 존재하지 않는다. 단연 여자가 남자를 위해 태어나지 않았다. 아직도 어느 미개국에서는 여자가 마치 남자의 노리개를 위해 존재하는 것처럼 취급되고 있다.

중세 유럽에서는 여자가 영혼이 있는 존재인가 아닌가를 고민한 적이 있었다고 한다. 실제로 이를 판명키 위해 연구를 할 정도였다. 다행히 영혼이 있는 것으로 판명되어 그제야 여성도 참정권을 갖게 되었다. 오늘날의 잣대로 보면 터무니없는 논란 같지만, 당시엔 심각한 논쟁이었다고 한다. 만약 불행하게도 그 실험이 '무영혼' 으로 결론지어졌다면 어찌되었겠는가.

동물도 마찬가지다. 동물이 분명 인간의 위장에 들어가 소화되기 위해 태어나지는 않았을 게다. 그들이라고 왜 영혼이 없으며, 왜 고통이 없겠는가. 알량한 인간 중심 사고가 만든 악습이요, 불평등의 극치라 아니할 수 없다.

"진실로 인간은 동물의 왕이다. 왜냐하면, 인간의 잔인성이 동물을 능가하기 때문이다. 우리는 다른 생명체의 죽음을 통하여 살아가는 살아 있는 묘지이다. 나는 어렸을 때 고기를 먹지 않겠다고 결심했고 실천하였다. 언젠가는 동물을 살해하는 것을 살인처럼 생각하는 때가 올 것이다."

레오나르도 다빈치도 인간의 포악성을 꼬집고 있다.

짐승을 다루는 인간의 행태를 보면 치가 떨리는 경우가 어디 한두 가지라야 말이지. 안타까움을 넘어 슬프다.

채식은 충분한 영양공급을 받지 못한다는 말에 《월든》의 작가 헨리 데이비드 소로는 이렇게 서술한다.

" 한 농부가 내게 말했다. '채소만 먹고는 살 수 없지요. 뼈를 만들 만한 음식을 못 먹게 되니까요.' 그래서 그는 매일 뼈를 위한 영양을 충실하게 섭취한다. 그는 얘기하면서 쟁기질하는 소 뒤를 따라간다. 한데 채소만 먹는 소는 농부를 끌고 다니며 밭을 간다."

무슨 '주의' 라고 하면 마치 '주의' 에 속하지 않는 사람들을 배척하는 뉘앙스가 있다. 또한, 그들만을 옹호한 폐쇄적인 단어처럼 느껴져 붙여 사용하기가 좀 거북하다. 그래서 나는 '채식인' 으로 불리길 원한다. '채식주의' 보다는 '채식인' 이 더 부드러운 질감처럼 느껴진다.

나는 채식이야말로 세상을 아름답게 사는 많은 것 중의 하나라고 믿고 있다. 채식이 세상을 이롭게 하는 선업善業이요 공덕이라고 생각한다.

나 하나 고기를 안 먹는다 해서 세상이 크게 달라지진 않을 것이다. 다만, 나의 탈 육식으로 그래도 1년이면 돼지와 닭 몇 마리는 죽어나가지 않을 것이다. 여러 물고기도 생명을 잃지 않을 것이다. 그들에겐 하나밖에 없는 생명을 건진 셈이다. 이보다 큰 방생이 있을까 싶다.

한비야의 책에 이런 글이 있다.

바닷가에 사는 한 어부가 아침마다 해변으로 밀려온 불가사리를 바다로 던져주었다.

"그 수많은 불가사리 중 겨우 몇 마리를 살린다고 뭐가 달라지겠소?"

동네 사람의 물음에 어부는 대답했다.

"그 불가사리로서는 하나밖에 없는 목숨을 건진 거죠."

구도의 길은 속세를 떠나 산사에서 스님처럼 가부좌를 트는 길도 있겠지만, 육식이 넘실대는 이 사회에서 채식을 지켜가는 것 또한 구도의 길이 아닌가 싶다. 내 건강만을 위함이 아니라 생명존중과 환경과 세상의 모든 굶주린 사람들을 위한 목적이라면 말이다.

오늘도 나는 모든 사람이 채식인이 되는 사회를 기도하고 있다.

별 99

> 검소하면 돈이 천해 보이고, 사치하면 돈이 귀해 보인다.
>
> 검즉금천儉則金賤, 치즉금귀侈則金貴

– 중국 고전 《관자》

자본주의의 가장 큰 폐해는 돈이 신격화된다는 점이다. 자본주의에서는 돈이 곧 신神이다. 사람들은 옳은 가치를 점점 잃어가고 오로지 돈을 목적으로 산다.

돈으로 모든 것을 살 수 있고, 모든 걸 이룰 수 있는 세상. 사람의 능력마저도 돈을 많이 받느냐 못 받느냐로 평가받는다. 심지어 인품까지도 돈의 잣대로 판단해버리고 만다.

자본주의는 좋게 포장하여 붙인 이름이지 사실 '돈 최고주의'에 다름 아니다. 이런 자본의 논리가 판을 치는 곳에서 정견正見을 갖기란 여간 쉽지 않다. 모든 사람이 돈이 최고라는 의식이 팽배해 있어 나도 모르게 세뇌당해 있기 때문이다. 이런 벽창호 같은 세상에 주옥같은 선인의 말

이 간에 기별이나 가겠는가 말이다.

고루한 말 같지만, 돈이 인간을 위해서 있는 것이지, 인간이 돈을 위해 존재하진 않는다. 돈이 수단이어야지 목적이 되어버리면 설령 부자가 되어도 졸부가 될 뿐이다. 그런 건조한 인생이 무슨 의미가 있겠는가. 돈이란 축적하기 위해서 있는 것이 아니라, 무언가로 쓰이기 위해 존재해야 하며 그럴 때만이 그 가치를 발한다.

더 잘 먹고, 더 좋은 집을 갖고, 더 화려한 옷을 입고, 더 많이 소유하려는 사람한테는 돈이 한없이 귀해 보일 것이다. 뿐이랴. 종교이며 신앙일 것이다.

그러나 소비가 죄악으로 생각하는 사람한테는 오히려 돈이 천해 보이고, 공덕을 야금야금 까먹는 곰팡이처럼 생각되어 멀리하게 된다.

법정 스님은 '무소유'란 아무것도 갖지 않는 것이 아니라, 필요치 않은 물건을 가지지 않는 것이라 말했다. 한마디로 검소하라는 말이다. 검소함은 곧 가난과 함께함을 의미한다. 소유욕에서 벗어나려면 가난을 즐길 줄 알아야 한다.

조선 실학자 이덕무는 가난을 받아들이는 정도에 따라 인품을 달리 평가하였다.

'가장 훌륭한 이는 가난을 편하게 여기는 사람이다.

그다음은 가난을 잊어버리는 사람이다.

이보다 못한 단계는 가난이 부끄러워 감추고, 남들에게 자신의 가난을 호소하며 가난에 짓눌린 사람이다.

가장 못난이는 가난을 원수처럼 여기다가 그 가난 속에서 죽어가는 사람이다.'

어떤 삶으로 살고자 하는가.

그대는.

내 마음속
명언 에세이 99개 별

초판 1쇄 인쇄 | 2011년 8월 6일
초판 1쇄 발행 | 2011년 8월 10일

지은이 | 이순종
펴낸이 | 서정환
펴낸곳 | 수필과비평사

출판등록 | 1984년 8월 17일 제28호
주소 | 서울시 종로구 익선동 30-6운현신화타워 빌딩 2층 208호
전화 | Tel. (02)3675-5633, (063)275-4000
팩스 | Tel. (063)274-3131
E-mail | essay321@hanmail.net

ISBN 978-89-5925-887-1 03810

값 10,000원